# Inhalt

# Kein neues Abziehbild
# des Grauens

Hiroshima ist für viele Menschen wieder wichtig geworden. Das ist nicht das Verdienst der Friedensbewegung in Japan oder in Westeuropa, jedenfalls nicht in erster Linie; vielmehr haben dies jene Politiker bewirkt, die die Atomwaffenarsenale weiter aufstocken wollen und einen begrenzten Atomkrieg für denkbar erklärt und damit in ihre strategischen Überlegungen einbezogen haben. Also demnächst viele Hiroshimas – zum Beispiel in Europa?

Über das Hiroshima von 1945 gibt es zahlreiche Veröffentlichungen, auch einige in deutscher Sprache. Zu den erschütterndsten Zeugnissen des ersten Atomschlages gegen Menschen – der Abwurf auf die japanische Stadt Nagasaki folgte wenige Tage nach der Atomexplosion von Hiroshima – gehören die Schilderungen von etwa 3000 Kindern, die ihre Leiden und ihre Erlebnisse Anfang der fünfziger Jahre auf Bitten des japanischen Pädagogikprofessors Arata Osada aufgeschrieben haben.

Professor Osada, selber ein Opfer der Atombombe, wollte Material für eigene Recherchen sammeln. Als er jedoch las, was die Bombe gerade bei den Kindern von Hiroshima angerichtet hatte, mochte er ihre Berichte nicht einfach einer Schublade anvertrauen. Im Herbst des Jahres 1951 brachte Osada insgesamt 105 Schilderungen unter dem Titel *Genbaku no Ko*, »Die Kinder der Atombombe«, heraus. Das war zu einem Zeitpunkt, wo Bücher über Hiroshima – wenn überhaupt – nur unter großen Schwierigkeiten erscheinen konnten. Während der amerikanischen Besatzungszeit bis Frühjahr 1952 unterlagen alle Veröffentlichungen einer strengen Zensur, so daß über das

Geschehen am 6. August 1945 nur wenig an die breite Öffentlichkeit gelangt war.

Ein Teil der von Professor Osada herausgebrachten Berichte, und zwar insgesamt 20, erscheinen in diesem Buch in deutscher Übersetzung. Darunter sind einige, bei denen ich mich gefragt habe, ob man sie bei den grauenhaften Einzelheiten und der tiefen Verzweiflung überhaupt Jugendlichen und jungen Erwachsenen vorlegen darf. Denn Sinn einer solchen Veröffentlichung kann es nicht sein, ein weiteres Abziehbild des Grauens zu liefern, das man sich ansieht und nach dem Erschaudern wieder zur Seite legt. Es gilt vielmehr klarzumachen, daß eindeutig politischer Wille zum Hiroshima von 1945 geführt hat und zu neuen Hiroshimas führen kann.

Deshalb werden in diesem Buch die Berichte der »Kinder der Atombombe« erstmals nicht isoliert veröffentlicht*, sondern durch Hinweise, Informationen, Interviews und Kurzreportagen ergänzt. Die Schilderungen selbst sind von einer Dichte und Direktheit, wie sie in den Zeugnissen von Erwachsenen selten zu finden sind; gelegentliche kleine Ungenauigkeiten bei Zahlen- und Faktenangaben ändern daran nichts. Die Strahlen der Atombombe haben sich diesen Kindern und Jugendlichen unauslöschlich eingeätzt und lebenslange Brandzeichen hinterlassen, auch nachdem die sichtbaren Wunden bei den meisten vernarbt und verheilt sind.

Die Berichte der »Kinder von Hiroshima« sind in einer konkreten Nachkriegssituation Japans entstanden, und zwar unter dem Eindruck des Kriegs im benachbarten Korea, der 1950 begann und die Gefahr eines neuen Atomangriffs heraufbeschwor. Allein diese Vorstellung ließ viele Atombombenopfer verzweifeln, trieb sie in den Freitod. Auch einige der »Kinder der Atombombe«, die ihre entsetzlichen Erlebnisse für Professor Osada aufgeschrieben hatten, haben später ihr Leben freiwillig beendet.

* 1964 erschien im DDR-Verlag Volk und Welt, Berlin, eine von Edith Rau ins Deutsche übertragene Auswahl der japanischen Ausgabe von 1951. Eine Lizenzausgabe ist im Röderberg-Verlag Frankfurt a. M. unter dem Titel *Kinder von Hiroshima. Japanische Kinder über den 6. August 1945* erschienen.

Ihre Zeugnisse wirken auf mich wie grelle Warnzeichen. Das Hiroshima von 1945 ist das letzte Halteschild vor dem Abgrund; wird dieses Gefahrensignal mißachtet, dann werden die Menschen sich selber zugrunde richten. Die Kinder von Hiroshima müssen zu Wort kommen, damit dieses Zeichen wieder sichtbar wird. Das ist die Absicht dieses Buches, an dem übrigens mehrere mitgewirkt haben: einige der heute erwachsenen »Kinder der Atombombe«, mit denen ich in Hiroshima gesprochen habe; Patienten und Ärzte im Atombomben-Krankenhaus von Hiroshima, die ich befragen durfte; Berufskollegen in Hiroshima, die mir bei meinen Recherchen geholfen haben; besonders aber Professor Yoichi Fukushima aus Tokyo, der Sprecher des Komitees der »Kinder von Hiroshima«, sowie Kumiko Yasui und Yumiko Takada, beide aus Tokyo, die mich bei der Vermittlung von Kontakten und beim Dolmetschen unterstützt haben.

Hermann Vinke                                      Tokyo, im Mai 1982

*Hiroshima, 6. August 1945: Die Atombombe explodiert über der Industrie- und Hafenstadt und bewirkt innerhalb von Sekunden Tod und unbeschreibliches Elend für Hunderttausende von Menschen. Der Atompilz wird zum Symbol einer Zerstörungskraft ungeahnten Ausmaßes.*

12

# Für eine Friedenserziehung in den Schulen

Erklärung von Yoichi Fukushima,
Sprecher des Komitees der »Kinder von Hiroshima«

Die japanische Originalausgabe des Buches *Genbaku no Ko* (»Die Kinder der Atombombe«) erschien im Herbst 1951, sechs Jahre nach dem Abwurf der Atombombe über den japanischen Städten Hiroshima und Nagasaki. Im Jahr zuvor hatte der Koreakrieg begonnen. Der Friedensvertrag zwischen den Alliierten (mit Ausnahme der UdSSR) und Japan wurde am 8. September 1951 in San Francisco unterzeichnet, doch erst am 28. April des nächsten Jahres erhielt Japan seine Unabhängigkeit zurück.

Den Mut von Professor Arata Osada, dieses Buch unter solchen Umständen herauszugeben, muß man noch heute bewundern. Unter der Besatzungsmacht wurde nämlich jede Äußerung gegen die Unmenschlichkeit von Atombomben massiv unterdrückt. Selbst bei einem möglichen Einsatz von Atomwaffen im Koreakrieg, den Professor Osada mit großer Besorgnis verfolgte, war es sehr schwierig, den Abwurf der Atombombe zu kritisieren.

Erst seit dem Frühjahr 1954, als die Japaner am 1. März in der Nähe des Bikini-Atolls zum drittenmal tragische Erfahrungen mit Atombomben machen mußten\*, entstand in der japanischen Bevölkerung eine starke Bewegung gegen Atom- und Wasserstoffbomben. Die erste internationale Konferenz zur Ächtung der Atom- und Wasserstoffbomben fand am 6. August 1955 statt, also genau zehn Jahre nach der Tragödie von Hiroshima.

---

\* Das Bikini-Atoll gehört zu den Marshallinseln, wo die Amerikaner seit 1946 Wasserstoffbombenversuche unternahmen. Dabei gerieten japanische Fischer in den Bereich des radioaktiven Niederschlags.

Professor Osada stellte dem Buch »Die Kinder der Atombombe« ein Vorwort voran, das vom 6. August 1951 datiert ist. Im ersten Abschnitt beschreibt er die Situation in Hiroshima sechs Jahre nach der verheerenden Explosion. Er weist darauf hin, daß sich »die Verhältnisse in Hiroshima nicht mit denen in irgendeiner anderen Stadt der Welt, die im Krieg zerstört wurde, vergleichen lassen«. Das lag nicht nur an der Zerstörung der Stadt. Viel tragischer waren die Schäden, die die Bevölkerung davongetragen hatte. Mehrere hunderttausend Menschen sind durch die Bombe getötet worden, hinzu kamen die entsetzlichen körperlichen und seelischen Leiden, mit denen viele heute noch zu kämpfen haben.

Professor Osada war Erziehungswissenschaftler. Am Tag der Explosion hielt er sich im Strahlenradius der Bombe auf. Osada hat mit den Kindern von Hiroshima gelitten. Damit die grausamen Ereignisse nicht in Vergessenheit geraten, ließ er sich Erlebnisse von betroffenen Kindern schildern. Dann entschloß er sich, solche Berichte systematisch zu sammeln, zu ordnen und schriftlich festzuhalten. »Aber es stellte sich bald heraus«, schreibt er, »daß dies schwieriger war, als ich erwartet hatte. Weil sie Heim und Familie verloren hatten, lebten die Kinder oft weit verstreut. Trotzdem hatten die Schulleiter, die Lehrer und besonders die Kinder selbst großes Verständnis für mein Vorhaben und scheuten keine Mühe. Ein Manuskript nach dem anderen ging bei mir ein, und bald stapelten sich die Berichte auf meinem Schreibtisch. Ich war immer wieder betroffen von den darin beschriebenen Leiden. Ich war inzwischen über sechzig und glaubte, ich hätte alle Not, die das Leben zu bieten hat, hinter mir, aber viele Male mußte ich die Manuskripte zur Seite legen und die Tränen wegwischen, die mir über die Wangen liefen, als ich diese freimütigen und sachlichen Beschreibungen der unheilvollen Tage las. Diese Kinder hatten oft durch bloßen Zufall überlebt, hatten erlebt, wie ihre Eltern, Geschwister, Lehrer oder Freunde starben, zerdrückt von den Balken eines einstürzenden Hauses oder bei lebendigem Leib verbrannt in einem Meer von Flammen.«

Professor Osada beschloß, diese Berichte in einem Buch zu veröffentlichen. »Als ich diese Berichte gelesen hatte, konnte ich es nicht übers Herz bringen, sie einfach nur als Quelle für meine privaten Forschungen zu betrachten und für mich zu behalten. Ich hielt es für meine Pflicht und für ein Privileg, das Material zu veröffentlichen, wenigstens einen Teil davon. So wie es war und so schnell wie möglich, damit Menschen mit einem Gewissen, Menschen aus allen sozialen Schichten, nicht nur in Japan, sondern auf der ganzen Welt es lesen konnten.

Diese sehr persönlichen Schilderungen sind zu eindrucksvoll in ihrer Echtheit und zu ernst in ihrer Bedeutung, als daß man sie einfach als Aufsätze von Schulkindern abtun könnte. Kikuko Nagara, eine Schülerin der neunten Klasse, schreibt: ›Jedesmal, wenn ich anfing zu schreiben, standen mir die Erinnerungen an die Katastrophe wieder vor Augen, Bild für Bild. Es war sehr schwer für mich, das alles aufzuschreiben; mehr als einmal zögerte ich, weil der Schmerz so heftig war – als hätte ich eine kaum verheilte Wunde berührt. Aber ich entschloß mich, weiterzuschreiben in der Hoffnung, damit meine Hochachtung vor meinem Vater, meiner Schwester, meinem Onkel, vielen Freunden und den Hunderttausenden von Toten ausdrücken zu können.‹

Für die Kinder war es also sehr schwer, diese Berichte zu schreiben. Sie gerieten innerlich völlig aus dem Gleichgewicht, wenn sie sich an den Tod ihrer Väter und Mütter erinnerten. Manchmal wurden sie mutlos, wenn sie mit ihren Aufzeichnungen nicht weiterkamen. Ihre Zeugnisse sind Kristalle ihrer Tränen und ihrer Leiden. Es sind Zeichen ihrer Wut gegen den Krieg, der ihnen die nächsten Verwandten nahm; und sie sind gleichzeitig ernstgemeinte, aufrichtige Gebete und Bitten für einen dauerhaften Frieden. Es ist zu wünschen, daß diese Berichte nicht aus Neugier oder flüchtigem Interesse gelesen werden, sondern daß die Leser den Wunsch nach Frieden und Verständigung unter den Menschen mit den Kindern teilen, die diese Berichte geschrieben haben.«

Professor Osada bedauert ausdrücklich, daß er viele Manuskripte kürzen mußte. Das gleiche gilt auch für diese Ausgabe. Er wählte 105 Berichte aus über 3000 Manuskripten aus und bemerkt dazu, daß die Autoren nicht erwachsen, sondern Jungen und Mädchen und daß gelegentlich mißglückte Satzkonstruktio-

nen und unvollkommen wiedergegebene Beobachtungen unver-
meidlich seien. Aber »sie bezeichnen einen Wendepunkt in der
Weltgeschichte: den Schrei des von der Atombombe getroffenen
Kindes. Wer diese Berichte gelesen hat, den werden die eingän-
gigen Forderungen der Vorkriegs-Militaristen wie ›Aufrüstung,
um den Frieden zu erhalten‹ oder ›Krieg für den Frieden‹ nicht
mehr irreführen. Wir fragen uns, ob es tatsächlich immer noch
Menschen gibt, die so naiv sind anzunehmen, Frieden auf der
Welt könne durch einen Vernichtungskrieg erreicht werden.
Wer kann sich heute vorstellen, Frieden zu schaffen auf einer
vom Krieg verwüsteten Welt, die zum Friedhof für die Opfer des
Krieges bestimmt ist?«

Im zweiten Abschnitt seines Vorwortes berichtet Professor
Osada über die neue Verfassung Japans. Er unterstreicht die
Bedeutung, die darin dem Frieden beigemessen wird, eine Linie,
von der die japanischen Behörden, nicht zuletzt mit Unterstützung amerikanischer Politiker, nach und nach abgewichen sind.

Im dritten Abschnitt schlägt er vor, das Buch als Grundlage
für die Friedenserziehung in den Schulen zu verwenden. Wir
haben mit großer Freude gehört, daß dieses Buch in der Bundesrepublik Deutschland besonders für junge Leser gedacht ist,
denn genau dies entspricht den Vorstellungen und Zielen von
Professor Osada.

Der vierte Abschnitt geht der These nach, der Abwurf der
Atombomben sei gar nicht erforderlich gewesen, um Japan zur
Kapitulation zu zwingen, da die Niederlage sowieso unabwend-
bar war. Dazu werden zahlreiche Stimmen zitiert.

In Abschnitt fünf unterstreicht Professor Osada, daß der
Abwurf der Atombombe ein Überraschungsangriff war. Zum
Beweis zitiert Dr. Osada aus den Berichten von über 80 Kindern,
wonach die Explosion kurz nach einer Entwarnung erfolgte und
somit zu einer hohen Zahl von Opfern führte, weil die Menschen
zu ihrer Alltagsarbeit zurückgekehrt waren.

In diesem Abschnitt spricht Professor Osada auch über den
Opfermut von Lehrern und Schülern in Hiroshima. Er zitiert
aus Schilderungen, wonach Lehrer ihr Leben opferten, um
Kinder zu retten, oder daß Mütter, die von Balken eingestürzter
Häuser eingeklemmt waren, ihre Männer anflehten, sich um der

Kinder willen in Sicherheit zu bringen, und dann selbst von den Flammen vernichtet wurden. Die Leser finden Beispiele in den Berichten.

Schließlich weist Dr. Osada auf die manchmal verzweifelten Bemühungen der überlebenden Kinder hin, trotz der schrecklichen Ereignisse und Schwierigkeiten weiterzuleben und weiterzulernen, ungebeugt von der Katastrophe. Er möchte damit den Leser auf die Probleme aufmerksam machen, mit denen diese elternlosen Kinder täglich konfrontiert wurden.

Abschließend wendet sich Professor Osada an alle Menschen: »So appelliert der aus der Asche von Hiroshima geborene Phönix leise, aber eindringlich an die Menschen in jedem Winkel der Welt... Wir müssen dafür sorgen, daß diese Tragödie nicht das Ende, sondern den Anfang einer neuen Welt bedeutet.«

Ich möchte noch einen Satz aus dem zweiten Vorwort von Professor Osada hinzufügen, das er ein Jahr, bevor er am 18. April 1961 starb, verfaßt hat: »Heute, da die gesamte Menschheit sich entscheiden muß, welchen Weg sie einschlagen will, halte ich die Übergabe dieser... Anthologie an die Welt für eine heilige Pflicht gegenüber den vierhunderttausend Toten von Hiroshima und Nagasaki, den dreitausend Verfassern dieser Berichte und allen friedliebenden Menschen auf der Welt.«

Ich habe dem auch heute nichts hinzuzufügen.

Yoichi Fukushima                                    Tokyo, 8. Januar 1982

Die »Enola Gay« startklar für den Sondereinsatz gegen Japan. Von dieser Maschine des Typs Boeing B-29 wurde die Atombombe über Hiroshima abgeworfen.

Das ist »Little Boy«, die für Hiroshima vorgesehene Atombombe mit dem harmlos klingenden Decknamen »Kleiner Junge«; im Vergleich zu den heute einsatzbereiten Nuklear-Sprengkörpern eine kleine Atomwaffe, aber stark genug, eine ganze Stadt dem Erdboden gleichzumachen. Drei Atombomben waren im Sommer 1945 einsatzbereit, zwei davon wurden gegen Japan eingesetzt.

# Die tödliche Fracht
# oder: Die Faszination einer Waffe
# von ungeahnter Zerstörungskraft

Tinian gehört zur Inselgruppe der Marianen im nordwestlichen Pazifik. Im Zweiten Weltkrieg hatten die Japaner die nur etwa 100 Quadratkilometer große Insel aus Kalksandstein besetzt und zu einem Militärflugplatz ausgebaut, bis sie von den Amerikanern nach verlustreichen Seeschlachten verdrängt wurden.

Auf Tinian hielt sich seit Ende April 1945 die 509. Bomberstaffel der amerikanischen Luftwaffe auf, die dem Kommando von Oberst Paul Tibbets unterstand. Die Staffel umfaßte 15 Maschinen vom Typ Boeing B-29 Superfortress, jenen Superfestungen, die in den Monaten zuvor mit ihren massiven Angriffen die Bevölkerung von Tokyo und anderen japanischen Großstädten in Angst und Schrecken versetzt hatten.

Die Einheit von Oberst Tibbets war an den Flächenbombardements nicht beteiligt gewesen; sie wartete vielmehr auf einen bestimmten Auftrag, der von höchster Stelle kommen sollte, nämlich vom amerikanischen Präsidenten Harry S. Truman. Es ging um den Befehl, eine Atombombe über einer japanischen Stadt abzuwerfen. Zum erstenmal sollte die neue Waffe im Krieg, das heißt gegen Menschen, eingesetzt werden.

Mit einem gigantischen Aufwand an Geld und wissenschaftlicher Anstrengung waren die ersten nuklearen Sprengsätze in den Vereinigten Staaten entwickelt worden. Im Sommer 1945 standen drei Exemplare davon zur Verfügung. Für Deutschland kamen sie zu spät, denn dort war der Krieg bereits zu Ende. Aber Japan sollte die neue gefährliche Waffe zu spüren bekommen, obwohl das Land ebenfalls bereits weitgehend zerstört war. Nur noch einige fanatische Militärs in Tokyo suchten die Kapitulation hinauszuzögern.

Am 2. August 1945 lag der Befehl aus dem Weißen Haus in Washington auf Tinian vor. Er war exakt abgefaßt: Am 6. August sollten die städtischen Industriegebiete von Hiroshima durch die Atombombe vernichtet werden. Der Auftrag des Präsidenten löste auf der kleinen Pazifikinsel hektische Aktivität aus. Alle technischen und organisatorischen Voraussetzungen der Operation wurden erneut überprüft. Einen Tag vor dem geplanten Angriff nahmen die auf Tinian versammelten Physiker, Militärs und Flugspezialisten die Bombe noch einmal in Augenschein, nachdem sie zuvor einem Gottesdienst beigewohnt hatten, denn es war Sonntag.

Die Bombe hing in einem Unterstand an Ketten und wurde Tag und Nacht schwer bewacht. In einem Anflug von schwarzem, zynischem Humor hatte man ihr den Namen *Little Boy* (»kleiner Junge«) gegeben. Sie war 3,20 Meter lang, mit einem Durchmesser von etwa 70 Zentimetern, und wog 4500 Kilogramm. Der zylindrische Mantel umfaßte einen ballgroßen, 60 Kilogramm schweren Urankern. Der spaltbare Kern war im Innern »wie ein kleiner Diamant in einem enormen Wattebausch« eingelagert; so hatte es der Physiker Robert Oppenheimer ausgedrückt, der als Wissenschaftler die Entwicklung der neuen Waffe leitete. In der Wüste von Neumexiko wurde sie im Sommer 1945 zum erstenmal getestet.

Eine Chicagoer Wissenschaftlergruppe, die an dem Projekt beteiligt war, hatte noch einen letzten Versuch unternommen, den Einsatz von Bomben gegen Japan zu verhindern oder zumindest zu verzögern. Nach der Explosion in Neumexiko ahnten sie, welches Instrument der Zerstörung sie den Politikern in die Hand gegeben hatten. In einem Brief an Präsident Truman schrieben die 18 Wissenschaftler:

»... Mit allem Respekt bitten wir, den Einsatz von Atombomben, besonders gegen Städte, in Ihrer Instanz als Staatsoberhaupt nur unter den folgenden Bedingungen zuzulassen:

1. Den Japanern muß zuerst Gelegenheit gegeben werden, unter Bedingungen zu kapitulieren, die ihnen die Möglichkeit eines friedlichen Fortlebens in ihrem Mutterland gewährleisten.

2. Zuvor muß eine überzeugende Warnung ausgesprochen

werden, daß einer Ablehnung der Kapitulation die Anwendung der neuen Waffe folgen wird.

3. Unsere Verbündeten müssen die Verantwortung für die Anwendung von Atombomben mittragen.«*

Ob dieser Appell den Präsidenten jemals erreicht hat, ist bis heute ungeklärt. Wenn ja, dann hätte er Truman wohl trotzdem nicht mehr von seinem Entschluß abgebracht, die Atombombe einzusetzen. Die Faszination, eine Waffe von nie dagewesener Zerstörungskraft in der Hand zu haben, blockierte die letzten Chancen, auf ihre Anwendung zu verzichten.

Am 6. April 1945, kurz nach Mitternacht, nahm die verhängnisvolle Operation ihren Lauf. Von der Startbahn auf der Insel Tinian, die noch von den Japanern gebaut worden war, hoben um 1.37 Uhr drei Wetterbeobachtungsflugzeuge ab. Sie sollten die klimatischen Bedingungen über Hiroshima, Kokura und Nagasaki erkunden. Hiroshima war vom Präsidenten als Angriffsziel bestimmt worden, aber im Falle von Nebel würde an diesem Tag über einer der beiden anderen Städte die Bombe zur Explosion gebracht werden. Um 2.45 Uhr erhielt auf Tinian die *Enola Gay* Starterlaubnis; sie hatte eine todbringende Fracht an Bord, die *Little Boy*. Zur Mannschaft dieser B-29 gehörten unter anderen als Pilot Oberst Paul Tibbets, als Kopilot Captain Robert Lewis, als Bombenschütze Major Thomas Ferebee und als Heckschütze Sergeant Robert Caron. Tibbets hatte das Flugzeug nach seiner Mutter benannt; der *Enola Gay* folgten noch zwei weitere Maschinen, welche mit ihren Meßinstrumenten Daten über die anfallende Radioaktivität und den Explosionsdruck registrieren sollten.

Kurz nach sieben Uhr erreichte eine der Wetterbeobachtungsmaschinen Hiroshima. Der Morgennebel, der noch über der Stadt lag, lichtete sich bald, so daß den drei nachfolgenden Flugzeugen grünes Licht für den Anflug signalisiert wurde. Das Beobachtungsflugzeug drehte noch eine Schleife und bog dann ab; in Hiroshima wurde daraufhin Entwarnung gegeben. Die Bevölkerung, die durch den Fliegeralarm am frühen Morgen in

---

* Dieses Zitat und einige der vorausgegangenen Angaben wurden dem Buch *Der Zweite Weltkrieg*, Bd. 3, Das Beste 1979, entnommen.

die Häuser und Luftschutzunterstände getrieben worden war, ging wieder ihrer normalen Beschäftigung nach. Warnung und Entwarnung, das gehörte in jenen Kriegsmonaten zum Alltag. Doch dann näherten sich plötzlich erneut amerikanische Flugzeuge, angeführt von der *Enola Gay* mit ihrer tödlichen Ladung. Kurz nach acht Uhr hatten sie ihr Zielgebiet erreicht. Was sich in den Sekunden und Minuten nach 8.15 Uhr in der von Tibbets gesteuerten B-29 ereignete, haben die amerikanischen Journalisten Knebel und Bailey rekonstruiert:

»Durch das Zielgerät konnte Kommandant Ferebee, der Bombenschütze, das gewohnte Panorama betrachten. Es hätte genausogut eine von den Fotografien, die er schon dutzende Male studiert hatte, sein können. Das Ziel, eine große Brücke über dem Fluß Ohta, schob sich langsam in die Mitte des Visiers.

›Ich hab's‹, sagte Ferebee.

Er betätigte die automatische Synchronisierungsanlage für die letzte Minute vor dem Abwurf. 45 Sekunden später stellte er das Funkgerät ein zum Zeichen, daß in 15 Sekunden die Bombe abgeworfen würde. Um 8 Uhr 15 Minuten 17 Sekunden öffnete sich der Bombenschacht mit einem Schlag; das Flugzeug, plötzlich um 4500 Kilogramm leichter, wurde in die Höhe gerissen. Die Besatzung spürte das Dröhnen in den Schädeln. Tibbets ging, die Maschine um 60 Grad neigend, zum Sturzflug über und beschrieb eine scharfe Wendung um 158 Grad. Das Flugzeug kreischte auf ob der Heftigkeit des Manövers. Tibbets gab Robert Caron, dem Maschinengewehrschützen im Heck, die Anweisung, alles laut zu beschreiben, was er beobachten konnte, und begann gleichzeitig, im stillen die entscheidenden 43 Sekunden abzuzählen.

Als 35 Sekunden verstrichen waren, fragte er Caron voller Ungeduld: ›Immer noch nichts?‹

›Nichts, Herr Oberst.‹

Leutnant Morris Jeppson, der das elektronische Kontrollsystem der Bombe überwachte, zählte ebenfalls: 40 . . . 41 . . . 42 . . . und wartete. Fehlgeschlagen! fuhr es ihm durch den Kopf.

Doch im gleichen Moment durchzuckte vor Bob Carons Augen ein violetter Blitz den ganzen Raum. Instinktiv schloß er die Augen. Ich muß blind geworden sein, dachte er. Einen Augenblick später, als er direkt in die Sonne schaute, konnte er

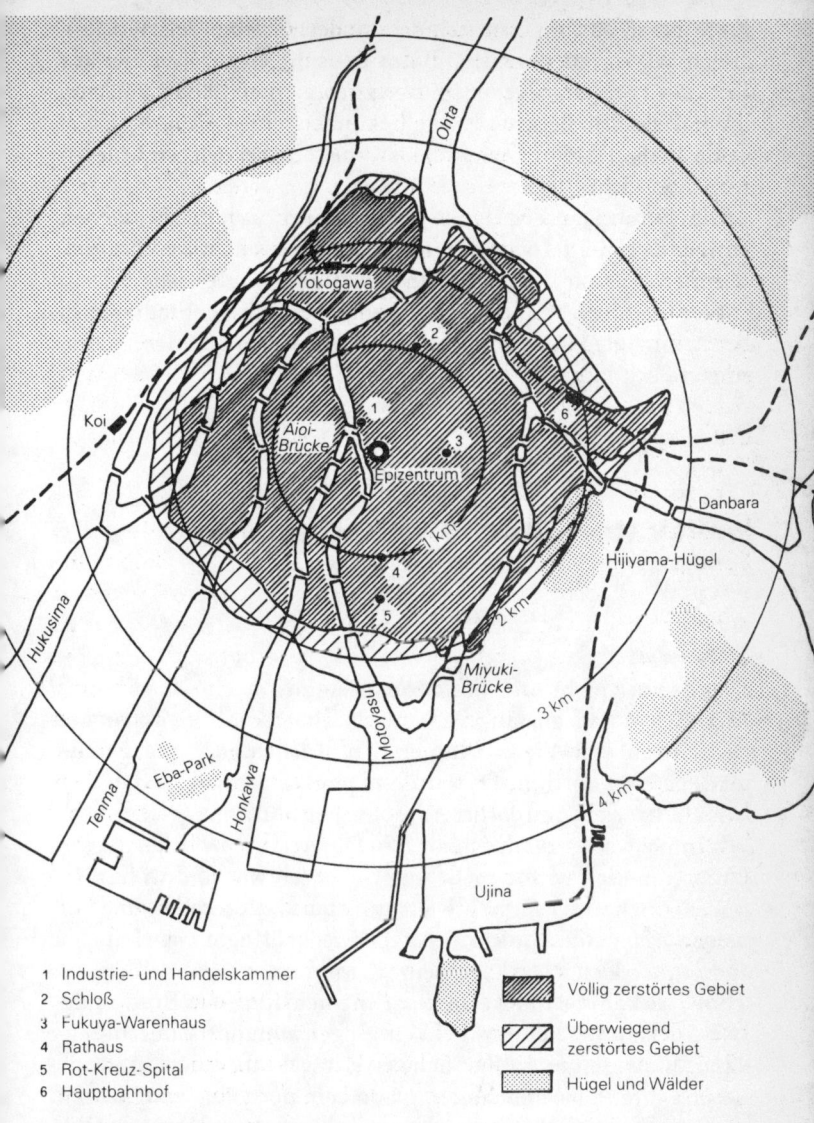

Koi

Ohta

Yokogawa

**2**

**1**
Aioi-Brücke

**3**

Epizentrum

Danbara

1 km

Hijiyama-Hügel

**4**

2 km

**5**

Miyuki-Brücke

3 km

Hukusima

Tenma

Eba-Park

Honkawa

Motoyasu

4 km

Ujina

1 Industrie- und Handelskammer
2 Schloß
3 Fukuya-Warenhaus
4 Rathaus
5 Rot-Kreuz-Spital
6 Hauptbahnhof

▨ Völlig zerstörtes Gebiet

▧ Überwiegend zerstörtes Gebiet

▦ Hügel und Wälder

# Hiroshima, 6. August 1945
# Die zerstörten Gebiete

durch seine Brille nur einen schwachen Schimmer erkennen. Zuerst war er zu erschüttert, um über die Gegensprechanlage über das, was er gesehen hatte, zu berichten. Die Explosion entwickelte im Bruchteil von Sekunden einen Feuerball von mehr als 500 Meter Durchmesser, die Temperatur im Inneren erreichte 55 Millionen Grad Celsius.«

Die Besatzung der *Enola Gay* konnte sich in Sicherheit bringen und dem Todesgürtel der Atombombe unversehrt entkommen, für die Menschen in Hiroshima gab es jedoch kein Entkommen. Was Kinder und Jugendliche in dieser Stadt, die zu einem einzigen Verbrennungsofen geworden war, erlebten und erlitten, schildern sie auf den folgenden Seiten.

## Mein Vater fühlte sich kalt an

*Tomoyuki Satoh*
Schülerin der 4. Klasse, damals vier Jahre alt

Ich ging noch nicht zur Schule. Am 6. August spielte ich vor einer öffentlichen Badeanstalt in unserer Nachbarschaft. Sei-chan bat mich, ihr auf den Wiesen Blumen zu pflücken, und ich war gerade auf dem Weg dorthin. Da wurde es plötzlich ganz hell. Ich war sehr erschrocken und dachte, ich sollte lieber ins Haus gehen, aber auf einmal war es, als durchbohrten Dutzende von Nadeln meine Augen, und ich wußte nicht mehr, wer ich war und wohin ich ging. Ich schaffte es irgendwie, zum Haus zu kommen, und lief durch die Haustür. Als ich die Augen wieder öffnete, war es düster und trübe. Dann sah ich meine Großmutter davonlaufen, so schnell sie konnte, mit Keika-chan, meinem jüngeren Bruder, auf dem Rücken. Ich lief mit ihr. Wir gingen zum Luftschutzunterstand. Eine meiner großen Schwestern war schon dort, und wir vier drängten uns aneinander. Dann kam noch eine von meinen großen Schwestern hereingelaufen und setzte sich zu uns. Sie arbeitete bei der Mitsuboshi-Bäckerei, sie backte dort Kuchen. Meine Mutter war damals schon krank gewesen und gestorben.

Diese Zeichnung sowie die Zeichnungen auf den folgenden Seiten stammen von Kindern und Erwachsenen aus Hiroshima und Nagasaki, die ebenfalls von den Strahlen der Atombombe getroffen wurden und ihre Erfahrungen auf diese Weise festgehalten haben.

Mein Vater hatte sich freiwillig zur Arbeit gemeldet und kam zurück, um nach uns zu suchen. Meine älteste Schwester hörte ihn rufen. Sie nahm seine Hand und führte ihn zu unserem Luftschutzunterstand. Der Oberkörper meines Vaters war bis zur Taille mit Brandwunden bedeckt. Meine beiden älteren Schwestern und die anderen Leute erschraken, als sie die Brandwunden sahen. Ein Fremder tat Öl auf die Wunden meines Vaters. In meinem Herzen bedankte ich mich bei ihm.

Danach gingen wir zu einem Hügel in Fuchu*. Wir spannten in den Ruinen eines Tempels ein Moskitonetz auf und schliefen dort. Wir lebten eine lange Zeit in Fuchu. Dann kehrten einige

* Fuchu liegt im Nordosten von Hiroshima. Vgl. die Karte auf S. 23. Ein Teil der geographischen Angaben ist zum besseren Verständnis und wegen der Lesbarkeit in den Text eingefügt worden.

Leute in ihre Häuser zurück, und wir folgten ihrem Beispiel. Als wir zu Hause ankamen, sahen wir, daß alles Glas zerbrochen war, alle Schränke lagen auf dem Boden, unser Buddha-Altar war umgestürzt, die Schiebewände der Zimmer waren zerstört, die Dachziegel zerbrochen und die Mauern von Rissen durchzogen. Wir räumten alles auf und brachten Vater zu Bett.

Ungefähr 60 Tage später rief Vater mitten in der Nacht nach Großmutter und sagte, er würde gern eine Süßkartoffel essen. »Gut«, sagte Großmutter und kochte ihm eine.

»Sie ist fertig«, sagte sie, aber Vater antwortete nicht. Ich berührte ihn, um zu sehen, was mit ihm war. Er fühlte sich kalt an, und ich wußte, daß er gestorben war. Lebt wohl, liebe Mama und lieber Papa!

## Zu weißen Knochen verbrannt

*Sachiko Habu*
Schülerin der 5. Klasse, damals fünf Jahre alt

Ich war erst fünf, darum kann ich mich nicht mehr so gut erinnern. Aber mein Großvater hat mir viel erzählt, das will ich aufschreiben, zusammen mit einigen Dingen, an die ich selbst mich noch erinnern kann.

Unser Haus stand in Togiya-cho, ganz in der Nähe, wo die Atombombe fiel, und meine Mutter wurde vor unserem Buddha-Altar, wo sie gebetet hatte, zu weißen Knochen verbrannt. Die sterblichen Überreste meiner Mutter befinden sich jetzt auf dem Friedhof von Nakajima im Friedenspark. Am Sechsten eines jeden Monats gehe ich mit meinem Großvater dorthin, um zu meiner Mutter zu beten. Aber sosehr ich es auch versuche, ich kann mich nicht mehr sehr deutlich an meine Mutter erinnern. Ich sehe nur den Holzpfosten, der ihr Grab markiert, stumm dort stehen. Wenn ich den Holzpfosten sehe, weine ich immer. Vielleicht kann meine Mutter mich sehen und freut sich darüber, wie groß ich inzwischen geworden bin. Großvater sagte, daß sie glücklich war.

*Sachiko Habu ist Hausfrau, wohnt in Hiroshima.*

Jedesmal, wenn ich hingehe, bringe ich ihr hübsche Blumen und ein paar Räucherstäbchen mit. Dann sage ich meiner Mutter auf Wiedersehen und gehe mit Großvater wieder nach Hause.

In diesem Jahr ist der 6. August der siebte Todestag meiner Mutter. Großvater sagt immer wieder, daß wir alle zusammen einen richtigen buddhistischen Gedenkgottesdienst für sie abhalten wollen. Sechs Jahre sind schon vergangen seit Mutters Tod. Wenn ich daran denke, daß ich die ganze Zeit nicht mit ihr sprechen konnte, ist es unerträglich, wirklich unerträglich. Wenn ich die Mütter meiner Schulfreundinnen sehe, fühle ich mich auf einmal einsam und möchte am liebsten weinen. Aber ich habe einen sehr lieben Großvater, eine Großmutter, Onkel und Tanten, darum glaube ich, daß ich gut dran bin. Und jeden Tag in der Schule bringt mein netter Lehrer mir neue Sachen bei, und ich spiele mit guten Freunden. In der Schule bin ich am glücklichsten.

Mein Großvater hat bei dem Bombenabwurf Verbrennungen erlitten, und jetzt sieht es so aus, als wären alle seine alten

Krankheiten zurückgekehrt, und es geht ihm schlecht. Er ist jetzt 67. Ich möchte, daß Großvater und Großmutter lange leben, und ich bete jeden Tag darum.

## Meine Mutter bekam die Strahlenkrankheit

*Ruriko Araoka*
Schülerin der 5. Klasse, damals vier Jahre alt

Der 6. August 1945 – die Erinnerungen an den schrecklichen Tag stehen mir noch deutlich vor Augen. Gegen acht Uhr an diesem Morgen ging ich mit meiner Mutter fort, um etwas zu besorgen. Die Schwester meiner Mutter begleitete uns. Meistens sagte meine Großmutter, ich solle nicht hinter meiner Mutter herlaufen, weil ich ihr Schwierigkeiten machen würde und Mutter nicht so kräftig sei. An diesem Morgen aber sagte sie, ich solle mit Mutter gehen. Am Anfang von Yagenbori, einem Bezirk im Zentrum von Hiroshima, trennte meine Tante sich von uns.

Während Mutter sich mit Frau Yamamoto unterhielt, vor dem Haus der Moritas, hörten wir das Geräusch eines Flugzeugs. Kurze Zeit später leuchtete es grell auf wie ein Blitz, und dann kam ein fürchterliches Dröhnen.

Ich wurde unter dem Haus eingeschlossen. Ich rief »Mutter«, so laut ich konnte, und meine Mutter rief: »Ruri-chan! Ruri-chan!« Meine Hände und Füße waren unverletzt, darum kroch ich auf ihre Stimme zu, und als ich sie fand, war ich so froh, daß ich weinen mußte. Bald fand Mutter eine Öffnung zwischen den Matten und trug mich nach draußen. Wir gingen zurück nach Hause.

Unser Haus war völlig eingestürzt. Man konnte von draußen alles sehen, was oben gewesen war. Ich rief nach meiner Großmutter, bekam aber keine Antwort. Mutter gab sich große Mühe, sie zu finden. Viele Menschen liefen vorbei. Sie versuchten zu fliehen. Mutter nahm mich auf ihren Rücken und lief auf die Hauptstraße. Im gleichen Moment kam eine Nachbarin vorbei, die meinen kleinen Bruder auf ihrem Rücken trug. Er hatte Brandwunden an Gesicht und Händen, und sein Gesicht war ganz geschwollen. Armes kleines Kerlchen! Er war drei Jahre alt und ein so süßer kleiner Junge. Er starb eine Woche später. Als er starb, rief er: »Mama, Mama.«

Wir und die Frau, die meinen kleinen Bruder trug, gingen in Richtung Westen zum Hijiyama-Hügel, einer Parkanlage in Bahnhofsnähe. Es gab wieder Luftalarm, und wir mußten zu einem Luftschutzunterstand laufen. Der Hügel war bedeckt mit Menschen, deren Kleider verbrannt waren. Bei manchen hing verbrannte Haut herunter, und einige waren völlig schwarz und schon tot.

Meine Mutter und ich liefen lange umher und suchten Großmutter, aber wir konnten sie nicht finden. Schließlich begann Mutter zu weinen. Großmutter wird noch immer vermißt.

Später zogen wir nach Midorii, einem Dorf nördlich von Hiroshima. Man sagte mir, daß Mutter nicht mehr lange leben würde, weil sie die Strahlenkrankheit habe. Ich weinte jedesmal, wenn ich daran dachte, wie einsam ich ohne sie sein würde. Aber dann ging es ihr besser. Es war wie ein Wunder. Ich war sehr glücklich.

Später kam Vater gesund zurück von einer fernen Insel. Ich habe jetzt zwei neue Brüder, und wir sind alle glücklich. Aber jedesmal, wenn ich an den schrecklichen Tag denke, sehe ich meinen niedlichen kleinen Bruder vor mir, wie er starb und »Mama, Mama!« rief, und meine Großmutter, die so gut zu uns war. Ich bete immer darum, daß es nie mehr einen *Pikadon*\* geben möge.

---

\* Wortbildung aus *pikari* = Blitz und *don* = Knall; siehe das folgende Kapitel.

*Das Zentrum Hiroshimas – nach dem Atomangriff.*

# Pikadon und schwarzer Regen oder: Die Gewalt der Atombombe kannte niemand

*Pikadon* nannten die Menschen das, was über sie hereingebrochen war. Pikadon bedeutet soviel wie »großer Feuer-Knall«. Von dem tatsächlichen Geschehen hatte niemand eine rechte Vorstellung, weder in Hiroshima noch außerhalb. In Tokyo stellte man am Morgen des 6. August 1945 zunächst lediglich fest, daß die Telefon- und Telegrafenverbindungen nach Hiroshima nicht mehr funktionierten. Erst im Laufe des Vormittags sickerte die Nachricht durch, die Stadt sei durch eine einzige Bombe vernichtet worden.

Die japanische Regierung vermutete, daß die Vereinigten Staaten jene Geheimwaffe eingesetzt hatten, von der schon lange gemunkelt worden war und an der sich auch japanische Wissenschaftler versuchten. Um die Bevölkerung jedoch nicht zu beunruhigen, ordnete das Informationsministerium an, das Ereignis in den Zeitungen herunterzuspielen.

Die Bezeichnung »Atombombe« fiel erst in einer Rede des amerikanischen Präsidenten Harry S. Truman, die am 7. August von allen Rundfunksendern der USA übertragen und in Japan abgehört wurde. Truman sagte unter anderem: »Ein amerikanisches Flugzeug warf eine Bombe über Hiroshima, einem wichtigen japanischen Militärstützpunkt, ab... Es war eine Atombombe.« Das Wort »Atombombe« kam auch in einem Flugblatt vor, das amerikanische Flieger über Japan abwarfen. Darin hieß es fast triumphierend: »Wir sind im Besitz des zerstörerischsten Sprengmittels, das je von Menschen ersonnen wurde. Eine einzige unserer Atombomben entspricht in ihrer Sprengwirkung der Bombenlast, die 2000 unserer mächtigen B-29-Bomber zu transportieren vermögen.«

Trotz dieses Hinweises wußte in der Bevölkerung niemand, welche Gewalt und Zerstörungskraft in einer einzigen Atombombe steckten. Daß sich bei ihrer Explosion unvorstellbar hohe Temperaturen bildeten, daß diese Sonnenglut die Luftmassen explosionsartig ausdehnte, dieses Wissen besaß damals nur eine Handvoll Wissenschaftler. Die unmittelbare Wirkung der Hiroshima-Bombe beschreibt Hubertus Hoffmann in seinem 1980 erschienenen Buch *Atomkrieg – Atomfriede*:

»Der mörderischste Effekt ist der sonnengleiche Feuerball mit einer Temperatur von einigen Millionen Grad Celsius. Noch in einer Entfernung von 14 Kilometern entzündet die Wärmestrahlung ein Blatt Papier. Etwa 50 Prozent der Opfer von Hiroshima sind auf die thermischen (durch Wärme bewirkten, d. A.) Energien der Atomexplosion zurückzuführen. Die freigesetzte Hitze vernichtet Menschen und Gebäude durch direkte Strahlung und nachfolgende Feuerstürme. Während in Hiroshima 30 Prozent der betroffenen Bevölkerung durch Nuklearstrahlung getötet wurden, verloren 20 Prozent ihr Leben durch die Druckwelle.«

Der Explosion folgte ein ungewöhnlicher Niederschlag. Vom Himmel »regneten« kleine dunkle Kügelchen, die sich durch Wasserverdampfung im Explosionszentrum und anschließende Kondensation gebildet hatten. Die Menschen sprachen vom »schwarzen Regen«, der wie eine Pest auf sie herniederfiel. Dieser Niederschlag enthielt auch radioaktive Stoffe. In dem Buch *Hiroshima and Nagasaki – The Physical, Medical and Social Effects of the Atomic Bombings,* »Hiroshima und Nagasaki – Die physikalischen, medizinischen und sozialen Auswirkungen der Atombomben«, das von einer japanischen Autorengruppe 1979 zunächst in japanischer und zwei Jahre später in englischer Sprache herausgegeben wurde und die bislang umfassendste Bestandsaufnahme der beiden Atomexplosionen enthält, heißt es zu diesem Niederschlag:

»Der Regen war klebrig, und die Menschen glaubten damals, daß Öl abgeworfen worden sei. Ein schwarzes, fleckiges Muster entstand immer dort, wo ein Regentropfen hinfiel. Man sagte, daß der Fluß (in Hiroshima) so schwarz war, als ob chinesische Tinte abgeworfen worden wäre. Die Temperatur sank während des großen Regenfalls rapide, und viele Menschen froren mitten im Sommer. Eine große Menge toter Fische wurde dort im Fluß gefunden, wo der ›schwarze Regen‹ niederging. Beim Vieh, das vom schlammigen Regen verseuchtes Gras fraß, wurde Durchfall festgestellt. Auch viele Einwohner in den Distrikten von Koi und Takasu, drei bis vier Kilometer westlich des Epizentrums, klagten über Durchfall.«

## Wo ist Mutter?

*Keiko Sasaki*
Schülerin der 6. Klasse, damals sechs Jahre alt

Als ich sieben Jahre alt war, starb mein Vater in Osaka. Dann starb am 15. August meine Mutter an den Folgen der Atombombenexplosion. Danach waren wir nur noch drei: meine Großmutter, meine Schwester und ich, und es ist uns sehr schlecht gegangen. Meine Schwester war erst 17 und mußte die Schule verlassen. Es fiel ihr sehr schwer zu arbeiten. Das kam auch von der Bombe. Es war wirklich traurig ohne Vater und Mutter.

Zur Zeit des Bombenabwurfs lebte ich bei meiner Großmutter auf dem Land. Sie erfuhr von einem Mann, der aus Hiroshima geflüchtet war, daß die Bombe die Stadt völlig zerstört habe. Als sie das hörte, machte sie sich sofort auf den Weg nach Hiroshima. Als sie nach einer Woche zurückkam, fragte ich sie: »Wo ist Mutter?«

»Ich habe sie auf dem Rücken mitgebracht«, antwortete meine Großmutter.

Ich war sehr froh und rief: »Mama!« Aber als ich näher hinschaute, sah ich, daß Großmutter nur einen Rucksack trug. Ich war enttäuscht. Meine Schwester und unsere Nachbarn aber begannen zu weinen. Ich verstand nicht, warum. Dann nahm meine Großmutter den Rucksack ab und holte ein paar Knochen daraus hervor und zeigte sie allen. Die Goldzähne meiner Mutter und ein Stück ihres Ellbogenknochens waren dabei. Ich verstand

immer noch nicht. Ein Jahr verging und noch ein Jahr, aber meine Mutter kam nicht nach Hause. Drei Jahre später war ich in der zweiten Grundschulklasse. Dann erst begriff ich, daß meine Mutter gestorben war. Seitdem vermisse ich sie sehr und besuche jeden Tag ihr Grab.

Damals arbeitete meine Schwester beim Finanzamt und verdiente so viel, daß wir davon leben konnten. Aber wir fühlten uns sehr einsam ohne unsere Mutter. Alle anderen Kinder haben Väter oder Mütter. Ich frage mich, warum ich beide verlieren mußte, und beginne zu weinen. Aber ich habe ja eine gute Großmutter und eine große Schwester. Später erfuhr ich, daß ich auch einen großen Bruder habe. Verwandte nahmen ihn zu sich, als er noch ein Baby war, darum wußte ich nichts von ihm. Ich war in meinem ganzen Leben noch nie so glücklich wie an dem Tag, als ich erfuhr, daß ich einen Bruder habe. Er wohnt in Kake, einer Kleinstadt nördlich von Hiroshima, und am Wochenende besucht er uns. Er ist sehr lieb zu mir. Wenn meine Mutter noch lebte, könnte er bei uns wohnen. Wenn ich daran denke, fehlt mir Mutter noch mehr. Wenn ich denke, daß wir alle zusammenleben könnten, wäre die Atombombe nicht gewesen, hasse ich die amerikanische Armee. Aber dann denke ich, na ja, jetzt ist ja alles vorbei, und fühle mich wieder besser.

Ich bin jetzt noch einsamer, weil meine Schwester geheiratet hat und nach Tokyo gezogen ist. Es ist wirklich schade, daß sie nicht noch länger zur Schule gehen konnte, aber so ohne Mutter . . . Es muß für meine Großmutter sehr schwer gewesen sein, uns beide aufzuziehen.

Wenn ich am 15. August den Mond anschaue, erinnere ich mich an so viele Dinge, und Tränen steigen mir in die Augen. Ich werde gut für meine Großmutter sorgen, damit sie lange lebt. Ich denke oft, wenn Mutter noch bei uns wäre, müßte meine Großmutter nicht soviel arbeiten. Ich will versuchen, stark zu sein, was auch geschehen mag, um mit allen Schwierigkeiten in der Zukunft fertig zu werden.

# Momentaufnahmen des Todes oder: Die verzweifelte Suche nach Eltern und Geschwistern

Bis zum 6. August 1945 war Hiroshima von Luftangriffen weitgehend verschont geblieben. Lediglich zwölf Bomben hatten die Hafenstadt seit dem Beginn des Pazifischen Krieges im Dezember 1941 getroffen. Das war erstaunlich, zumal Hiroshima als Marinestützpunkt von Anfang an eine wichtige Rolle spielte. Von den Kais starteten japanische Kriegsschiffe zu ihren Eroberungsschlachten in Südostasien. Zeitweise waren in den Kasernen der Stadt 100 000 Soldaten stationiert. Mehrere große Rüstungsbetriebe, die vor allem koreanische Zwangsarbeiter beschäftigten, sorgten für den Nachschub an Kriegsmaterial.

Auch wenn die amerikanischen Bomber meistens einen Bogen um Hiroshima machten, die Folgen des von rechtsradikalen, eroberungssüchtigen Militärs angezettelten Krieges mußten die Menschen hier wie anderswo tragen. Vor allem in den letzten Kriegsjahren wurden die Lebensmittel knapp. Täglich brachte der Krieg neues Leid über Familien, die ihre Söhne an die Front geschickt hatten und vergebens auf ihre Wiederkehr warteten. Der Tagesablauf hatte schon längst nicht mehr seinen normalen Rhythmus; vielmehr bestimmte der Krieg fast alle Lebensumstände. So mußten sogar Frauen und alte Männer sich regelmäßig an Luftschutzübungen beteiligen. Außerdem gab es eine Miliz, zu der selbst Jugendliche herangezogen wurden. Ähnlich dem deutschen Volkssturm sollten diese Einheiten die japanische Abwehr stärken, aber meistens verfügten sie über nicht mehr als einen fanatischen Willen und einige Bambusspeere.

Um den Feuerschutz in Hiroshima zu verbessern, hatte das militärische Oberkommando zu einer drakonischen Maßnahme gegriffen. Es ließ drei Brandschneisen durch die ganze Stadt ziehen. Über 70 000 Häuser, die zumeist aus Holz bestanden, wurden abgerissen. Insgesamt 90 000 Menschen waren gezwungen, die Stadt zu verlassen und in der Umgebung eine neue Unterkunft zu suchen.

Allerdings, ohne den Befehl zur Evakuierung wäre die Zahl der Opfer beim Atomangriff noch größer gewesen. Über 100 000 Menschen starben sofort im atomaren Feuer, das die Amerikaner über Hiroshima entfachten. Für Zehntausende begannen qualvolle Stunden, die in den meisten Fällen ebenfalls mit dem Tod endeten. Jene tödliche Sekunde der Explosion hinterließ unheimliche Spuren; auf einer Brücke und an den wenigen Gebäuden, die nicht zerstört waren, zeichneten sich Schatten von Menschen ab: Mehr war von ihnen nicht übriggeblieben.

Die Überlebenden hatten für solche Momentaufnahmen des Todes keinen Blick, nahmen sie gar nicht wahr, weil das Elend und das Grauen sie gefangenhielten. Neben den körperlichen Schmerzen traf die meisten besonders der Verlust ihrer nächsten Angehörigen. Die Bindung an eine Familie, an eine Gruppe gehört zu dem Wichtigsten im Leben eines Japaners. Deswegen suchten die von der Bombe getroffenen »Kinder von Hiroshima« verzweifelt nach ihren Eltern und Geschwistern, deswegen bestimmte der Verlust der nächsten Angehörigen noch Jahre später ihr ganzes Denken und Empfinden.


## Und drinnen
## schwarzverbrannte Fahrgäste

*Yoshimi Mukuda*
Schülerin der 6. Klasse, damals 1. Klasse


Die Atombombe fiel am 6. August 1945 auf Hiroshima. Kurz vorher war ich in das Dorf Hinoura in der Provinz Asa, nordöstlich von Hiroshima, gebracht worden, wo wir in größerer Sicherheit sein würden. Aber es waren noch etwa zwanzig Kinder im Waisenhaus in Hiroshima bei Vater und Mutter

Kitamura geblieben. Ich machte mir große Sorgen um die anderen Kinder. Und dann dachte ich an Vater und Mutter Kitamura und machte mir so große Sorgen, daß ich nicht wußte, was ich tun sollte. Wenn ich auch keine richtige Mutter habe – Mutter Kitamura hat für mich gesorgt, seit ich ein Jahr alt war, darum ist sie für mich wie eine richtige Mutter.

Am 10. August ging ich mit einem anderen Mädchen zurück nach Hiroshima. Es gab keine Straßenbahnen oder Busse in Yokogawa, im Norden der Stadt, so mußten wir von da an zu Fuß gehen. Ich war damals gerade in der ersten Klasse. Auf dem Weg von Yokogawa in die Stadtmitte war alles ringsumher bis auf den Grund abgebrannt, wohin man auch blickte. Es war schrecklich, und ich machte mir Sorgen, was mit dem Waisenhaus geschehen war. Ich hätte am liebsten geweint. Wir sahen eine Straßenbahn, die so ausgebrannt war, daß man hindurchblicken konnte, und drinnen schwarzverbrannte Fahrgäste. Als ich das sah, fing ich zu zittern an und konnte nicht mehr aufhören.

Und dann kamen wir an die Stelle, wo das Waisenhaus gewesen war. Kein einziges unserer schönen Gebäude war übriggeblieben. Die Halle, der Mädchenflügel, der Jungenflügel

– von allem war nur noch Asche da. Wir hatten so viele schöne Stunden in der großen Halle erlebt. Wir feierten dort Geburtstage, und manchmal riefen Vater und Mutter uns dort zusammen und sprachen mit uns oder aßen mit uns zusammen Abendbrot, und wir waren alle so glücklich, genau wie eine große Familie.

Während ich noch verwirrt und traurig dastand, traten Vater und Mutter zu mir und strichen mir über den Kopf und begrüßten mich. Tränen stiegen mir in die Augen, und ich konnte sie nicht zurückhalten.

Keines der Kinder war verletzt worden, aber Fräulein Kitamura, die richtige Tochter von Vater und Mutter, wurde vermißt. Es macht mich noch heute traurig, wenn ich an sie denke.

Danach ging ich wieder zur Grundschule in Onaga. Es war eine sehr schöne Schule gewesen, aber durch die Atombombe war sie völlig abgebrannt. Später hat man einige behelfsmäßige Gebäude errichtet.

Es war sehr schwierig, Lebensmittel zu bekommen. Vater sagte, ihm sei es egal, ob er selbst etwas zu essen bekomme, aber er wollte Essen für die Kinder, und er ging hierhin und dorthin und aufs Land, um Lebensmittel zu beschaffen. Er hatte auch Schwierigkeiten, genug Spenden zu erhalten. Aber ich war noch zu klein und weiß nicht mehr viel über diese Dinge.

Ich wurde größer und besuchte die zweite, die dritte, vierte und fünfte Klasse, und während dieser Zeit wurde Hiroshima nach und nach wieder zu einer friedlichen Stadt. Es wurden auch viele Behelfsheime gebaut.

Am 6. August feiern wir den Friedenstag zu Ehren von Fräulein Kitamura und allen anderen Menschen in Hiroshima, die von der Atombombe getötet wurden. Wir gehen früh am Morgen in den Friedenspark, um zu beten.

Viele kleine Kinder kamen nach der Atombombe zu uns ins Waisenhaus. Wir geben uns Mühe, gut für sie zu sorgen. Wir sind jetzt alle wieder sehr glücklich. Hoffentlich wird jetzt für immer und ewig Frieden sein.

# Meine Mutter bekam ein Baby

*Chikae Matsumoto*
Schülerin der 6. Klasse, damals 1. Klasse

Ich war damals erst in der ersten Klasse. Mein Vater war Luftschutzwart, darum zog er sofort, als am Morgen des 6. August Fliegeralarm kam, seine Uniform an und verließ das Haus.

An der Tür sagte ich: »Komm schnell zurück, Vater.«

»Ja, mein Liebling«, sagte er.

Ich hatte gerade den Tempel in der Nähe erreicht, wo wir Schule hatten, als ich ein Flugzeug hörte. Plötzlich gab es einen grellen Blitz und ein Geräusch wie Donner. Das Gebäude fiel über mir zusammen, und ich wurde von einem schweren Balken eingeklemmt. Es wurde dunkel. Ich schrie, so laut ich konnte. Einmal glaubte ich, meine Mutter nach mir rufen zu hören, aber ihre Stimme war ganz leise, und dann konnte ich sie gar nicht mehr hören.

Einige Leute aus der Nachbarschaft halfen mir endlich heraus. Mein Gesicht, meine Arme und Beine bluteten. Eine Nachbarin trug mich auf dem Rücken, da kam meine Mutter vom Luftschutzbunker zurückgelaufen. Meine Mutter bedankte sich bei ihr und nahm mich mit. Dann wusch sie mir das Gesicht mit Wasser. Sie ging zurück ins Haus, um ein paar wichtige Dinge zu holen, und dann nahm sie mich auf den Rücken, und mein Bruder – er ging in die siebte Klasse – nahm meine dreijährige Schwester auf den Rücken, und wir alle gingen zum Exerzierplatz Ost. An manchen Stellen sah man schon Feuersbrünste. Jedesmal, wenn wir ein Flugzeug hörten, warfen wir uns in einen Abflußgraben. Das Feuer breitete sich schnell aus, und der Himmel war bald dunkel vor Rauch.

Endlich hörten wir keine Flugzeuge mehr. Das war am späten Nachmittag. Wir erfuhren, daß man bei dem Schrein Erste Hilfe erhalten konnte. So trug meine Mutter mich dorthin. Sie war barfuß und ihr Gesicht staubbedeckt. Sie war voller Blut, aber sie trug noch immer ihre Luftschutzuniform. Als wir zur Erste-Hilfe-Station kamen, waren dort viele Menschen, deren Verbrennungen schlimmer waren als meine. Einige hatten am ganzen Körper Verbrennungen. Wir warteten lange, aber niemand half uns. Dann hörten wir, daß die Ärzte um sechs gehen würden, darum baten wir sie um Hilfe, und endlich wurden wir behandelt. In dieser Nacht schliefen wir und unsere Nachbarn auf dem Exerzierplatz. Die ganze Stadt stand in Flammen, und einzelne Funken fielen sogar auf uns. Endlich wurde es Morgen, und wir wollten nach Hause gehen, konnten aber nicht gehen, weil es zu heiß war.

Am Abend gingen wir dann nach Hause, aber wir fanden nur noch ein paar Ziegel unter der Asche.

Die nächsten Tage verbrachte meine Mutter mit der Suche nach meinem Vater. Am Morgen des 9. zerrten Soldaten bei Aufräumungsarbeiten den schrecklich entstellten Körper meines Vaters aus den Trümmern. Der Luftschutzbunker war in der Nähe der Yasudas in Kyobashi-cho im Bahnhofsbezirk von Hiroshima, und mein Vater wurde unter einem großen Schornstein gefunden, den man ein Jahr vorher abgetragen hatte. Sein Kopf war so verbrannt, daß man den Schädel sehen konnte. Wir erkannten ihn nicht und dachten, es müsse ein Mißverständnis sein, aber als wir sein Dienstabzeichen sahen, wußten wir, daß es unser Vater war. Er sah so mitleiderregend aus, daß wir alle die Arme um ihn legten und weinten. Mutter brachte Vaters Leiche in das Krematorium in Matsukawa-cho, nördlich des Hijiyama-Parks. Dort sah sie zu Bergen gestapelte Leichen. Die Soldaten äscherten meinen Vater getrennt von den anderen ein. Am nächsten Tag nahm meine Mutter mich auf den Rücken und mein Bruder meine Schwester, und wir setzten uns alle in den Zug, um die Asche meines Vaters dorthin zu bringen, wo meine Mutter aufgewachsen war. Der Zug war überfüllt mit verletzten Menschen. Als er im Bahnhof von Koutachi, das 45 Kilometer nördlich von Hiroshima liegt, einlief, sahen wir viele Leute, die auf ihre Freunde und Verwandten warteten, aber uns holte niemand ab. Meine beiden Großeltern waren schon vor langer Zeit gestorben, und die beiden Brüder meiner Mutter waren im Süden gefallen. Wir fuhren dann zur Heimatstadt meines Vaters und setzten seine Asche feierlich im Tempel bei. Am buddhistischen Allerseelentag kam der Geist meines Vaters an das Haus.

Er sah aus wie eine blasse Flamme und verschwand dann auf einmal im nahen Wald. Am 15. August, als wir in Koutachi ankamen, hielt der Kaiser eine wichtige Ansprache über den Rundfunk*. Die Menschen weinten, weil Japan den Krieg verloren hatte. Meine Mutter und wir Kinder waren tief enttäuscht.

Als wir nach Hiroshima zurückkehrten, besaßen wir nichts mehr. Wir schlugen uns von einem Tag zum anderen durch. Ich konnte nicht zur Schule gehen, weil ich noch nicht wieder gesund war. Die Wunde auf meinem Rücken wurde im November schlimmer, und ich mußte operiert werden. Sie fanden ein über einen Zentimeter langes Stück Glas. Am 23. Dezember kriegte meine Mutter ein Baby, einen kleinen Jungen, darum mußte mich mein dreizehnjähriger Bruder an meinem ersten Schultag zur Schule bringen, und ich wurde wieder eine Erstkläßlerin. Es war nichts zu essen im Haus, und meine Mutter konnte wegen des Babys nicht arbeiten gehen. Ich weiß noch, wie schwer es für uns war, zurechtzukommen.

Im November des nächsten Jahres begann meine Mutter, im Tagelohn bei Straßenarbeiten in der Stadt zu helfen. Sie mußte das Baby mitnehmen und verdiente nur sehr wenig. Mein Bruder mußte die Schule verlassen und als Verkäufer in einem Laden in Kyobashi-cho arbeiten. Jetzt arbeitet meine Mutter als Kassiererin für eine Zeitung, und im Januar letzten Jahres erhielt sie von ihrer Firma eine Auszeichnung für ihre Arbeit. Unser Baby, das im Todesjahr meines Vaters geboren wurde, ist jetzt sechs Jahre alt und kommt im nächsten Jahr zur Schule. Ich gehe in die sechste Klasse. Ich habe nicht genug Zeit zum Lernen, weil ich Mutter helfen muß, wenn ich aus der Schule komme.

Ich beneide alle meine Freundinnen, die Väter haben. Und ich kann es nicht abwarten, bis ich erwachsen bin. Dann baue ich ein hübsches Haus und mache meine Mutter froh.

* Siehe dazu das nächste Kapitel: *Ein Gott sprach*.

# Ein Gott sprach
# oder: Wie Kaiser Hirohito das
# Endes des Krieges verkündete

Die Rundfunkansprache des japanischen Kaisers am 15. August 1945 löste überall im Lande Enttäuschung und tiefe Bestürzung aus. Die meisten Japaner hörten zum erstenmal die Stimme des Tenno, den sie wie einen Gott verehrten, und dieser »Gott« verkündete plötzlich, Japan habe den Krieg verloren. Das war unfaßbar! Hirohito sagte in einer für seine Untertanen schwer verständlichen und verklausulierten Sprache:

»Wir haben Amerika und Großbritannien den Krieg aufgrund unseres starken Wunsches erklärt, Japans Überleben und ein stabiles Ostasien zu garantieren, wobei es uns fernlag, anderen Nationen unsere Herrschaft aufzuzwingen oder unser Territorium zu vergrößern. Doch der Krieg dauert nun schon vier Jahre. Obgleich alle taten, was sie konnten, hat sich der Krieg nicht notwendig zu Japans Vorteil entwickelt, während sich die allgemeine Entwicklung der Welt ganz und gar gegen seine Interessen stemmt. Vor allem hat der Feind mit einer neuen grausamen Waffe Tod und Vernichtung über die unschuldige Bevölkerung gebracht . . . Unter diesen Bedingungen den Krieg fortzusetzen, hieße nicht nur, die Vernichtung unserer Nation herbeizuführen, es würde auch die Zerstörung der ganzen Zivilisation bedeuten . . .«

Die Darstellung des Kaisers entsprach nicht der Wirklichkeit. Schon vor Ausbruch des Pazifischen Krieges hatte Japan sein Territorium vergrößert und anderen Nationen seine Herrschaft aufgezwungen, zum Beispiel den Koreanern, den Taiwanesen und Millionen von Chinesen. Das fernöstliche Land wollte – ähnlich wie Hitler-Deutschland – seinen »Lebensraum« erweitern und wegen der eigenen Rohstoffarmut die Versorgung etwa mit Öl sicherstellen. Durch den Angriff auf Pearl Harbor im Dezember 1941 sollte der wichtigste Störfaktor bei der Verwirklichung weiterer Eroberungspläne, nämlich die amerikanische Pazifik-Flotte, ausgeschaltet werden. Daß zwischen Pearl Harbor und Hiroshima ein Zusammenhang bestand, daß die Japaner den grausamen Atomüberfall der Amerikaner mitverschuldet hatten, erwähnte der Tenno nicht.

Viele Menschen, die dem Kaiser zuhörten, brachen in Tränen aus und warfen sich vor Scham auf den Boden; andere entschuldigten sich dafür, daß sie nicht genug für den Sieg des Landes getan hätten. Vor dem Kaiserpalast in Tokyo begingen Hunderte von hohen Offizieren und Piloten der Luftwaffe Selbstmord, indem sie sich den Bauch aufschlitzten. Nicht nur fanatisierte Militärs, auch die Masse der Bevölkerung war bis zuletzt von der kriegerischen Überlegenheit des eigenen Landes überzeugt, ein Glaube, der ihnen seit Jahren eingehämmert worden war und der besonders in den Schulen mit glühender Inbrunst gepredigt wurde. Treue und Ergebenheit an den Gott-Kaiser Hirohito, Pflichterfüllung für den Staat, notfalls bis zur Selbstaufgabe – der japanische Faschismus unterschied sich in dieser Hinsicht nicht von dem deutschen. Selbst in dem von der Atombombe schrecklich zugerichteten Hiroshima blieb der fanatische Glaube an den Sieg Japans erhalten.

Am 2. September 1945 wurde an Bord des amerikanischen Schlachtschiffes *Missouri* in der Bucht von Tokyo die Kapitulationsurkunde vom japanischen General Umazo unterzeichnet. Der Zweite Weltkrieg ging damit auch im Pazifik zu Ende. Daß die Kapitulation nicht noch weiter hinausgezögert wurde, ist das Verdienst des Kaisers, die einzige konstruktive politische Tat des heute 81jährigen Tenno, der sich ansonsten als ein williges Instrument machtbesessener Politiker und Militärs mißbrauchen ließ. Die Amerikaner beließen ihn nach 1945 im Amt und verschafften damit den japanischen Kriegsverbrechern einen »Persilschein«, eine billige Entschuldigung. Sie beriefen sich darauf, im Namen des Kaisers gehandelt zu haben, und das hatten sie nach außen hin ja auch.

Die Frage, welchen Anteil Kaiser Hirohito am japanischen Kriegsabenteuer hatte, wieviel Schuld er auf sich lud, wird noch immer diskutiert. »Die wahre Macht in den dreißiger und vierziger Jahren lag in den Händen der Militärs, die sich zwar auf den Kaiser beriefen, ihn aber in Wirklichkeit nur als Symbolfigur vorschoben«, schreibt der frühere Japan-Korrespondent des Zweiten Deutschen Fernsehens, Gerhard Dambmann, in seinem Buch *25mal Japan*. Doch habe Hirohito gewußt, daß die von den Militärs verfaßten und vom Tenno nur formal unterzeichneten Befehle dem Volk als die ureigensten Befehle des Kaisers übermittelt worden seien; gegen diese verfälschte Rolle habe er sich nie aufgelehnt. Dambmann folgert daraus: »Die historische Schuld von Kaiser Hirohito, der seine Amtszeit unter das Leitwort *showa*, ›erleuchteter Friede‹, gestellt hatte, liegt weniger in unrechtem Handeln, um so mehr jedoch im Unterlassen, wo mutiges Tun geboten war.«

Andere, auch Japaner, sehen die Rolle Hirohitos im Zweiten Weltkrieg noch kritischer, zum Beispiel der japanische Zeichner und Autor Keiji Nakazawa.[*] Als Fünfjähriger erlebte Nakazawa die Atomexplosion in Hiroshima; er leidet deswegen heute an Leukämie. Über den Besuch, den Kaiser Hirohito Ende des Schicksalsjahres 1945 der Stadt Hiroshima abstattete, sagt Nakazawa: »Im Dezember 1945 hat Kaiser Hirohito die Ruinen Hiroshimas besucht. Die Kinder standen auf der Straße und schwenkten Fähnchen, aber ich brachte das nicht fertig. Ich hielt meinen Blick auf ihn gerichtet und dachte nur: Er ist der Gangsterboß. In meiner Familie waren alle gegen den Krieg. Und dennoch sind vier von uns durch die Atombombe umgekommen, mein Vater, eine Schwester, ein Bruder und ein Baby, das gerade geboren war. Meine Mutter starb später.«

---

[*] Nakazawa hat seine Hiroshima-Erfahrungen in einem Comic-Buch verarbeitet, das in Japan ein großer Erfolg wurde und in mehrere Sprachen übersetzt worden ist, auch ins Deutsche: Keiji Nakazawa, *Barfuß durch Hiroshima. Eine Bildergeschichte gegen den Krieg.* Rowohlt Taschenbuchverlag: Reinbek b. Hamburg 1982. (Das Zitat stammt aus d. Vorwort.)

# Der Lehrer warf sich über die Schüler

*Machiko Fujita*
Schüler der 6. Klasse, damals fünf Jahre alt

Zuerst gab es einen Blitz und dann einen gewaltigen Donnerschlag. Ich wunderte mich und blickte aus dem Fenster.

Wir waren aus der Stadt weggezogen, weit draußen nach Yasu in Furuichi, nördlich von Hiroshima.

Weißer Rauch stieg zum Himmel auf wie eine riesige Sturmwolke. Dann hörte ich die Nachbarn sagen, daß Hiroshima von einer Bombe getroffen worden sei. Ein kalter Schrecken durchzuckte mich, weil mein Vater in Hiroshima war, und auch meine Schwester, die die Mittelschule besuchte und an diesem Morgen zum freiwilligen Arbeitsdienst fortgegangen war. Ich machte mir solche Sorgen, daß ich nicht still sitzen konnte und zu meiner Mutter lief. Ich sah an ihrem beunruhigten Gesicht, daß sie sich auch Sorgen machte.

Vom nächsten Tag an fuhr meine Mutter jeden Tag nach Hiroshima, um nach meinem Vater und meiner Schwester zu suchen. Meine siebenjährige Schwester, mein zweijähriger Bruder und ich sahen immer wieder die Straße vor unserem Haus hinunter und hofften, daß unser Vater zurückkehrte. Jedesmal, wenn ein Mann, der wie mein Vater aussah, vorbeikam, liefen wir hinaus und umringten ihn und starrten ihm ins Gesicht. Aber Vater kam nie wieder nach Hause. Ich kann nicht beschreiben, wie traurig ich war.

Nach Einbruch der Dunkelheit kam Mutter immer traurig und einsam zurück.

Einmal sagte sie bei ihrer Rückkehr: »Es war so lieb von euch allen, so geduldig auf mich zu warten.« Aber ihr Gesicht war voller Traurigkeit, und ich wußte, daß sie unseren Vater wieder nicht gefunden hatte.

Als sie zwei Tage später vor Tagesanbruch wie üblich gerade ihr Mittagessen fertigmachte und sich auf den Weg nach Hiroshima machen wollte, kehrte mein Bruder, der die Oberschule in Hiroshima besuchte, aus Kudamatsu, einer Hafenstadt 50 Kilometer südwestlich von Hiroshima, zurück, wo er

im Arbeitsdienst gewesen war. Er fuhr mit ihr nach Hiroshima.

Drei Leute mit Verbrennungen kamen zu den Toshis, unseren Nachbarn, und fünf Leute kamen zu uns. Ihre Gesichter waren durch die Verbrennungen so entstellt, daß sie wie Ungeheuer aussahen, und es schaudert mich noch jetzt, wenn ich an sie denke. Ich sorgte für sie, so gut ich konnte. Jedesmal, wenn ich einen von ihnen sah, erfüllte mich Traurigkeit, weil ich wußte, daß es meinem Vater und meiner Schwester irgendwo ebenso gehen mochte.

Meine Mutter und mein Bruder kehrten Tag für Tag spät und erschöpft nach Hause zurück. Von meiner Mutter erfuhr ich, daß von den 600 Mittelschülerinnen, die dort im Arbeitsdienst Räumungsarbeiten gemacht hatten, 593 ums Leben gekommen waren und nur sieben überlebt hatten und diese sieben innerhalb einer Woche auch gestorben waren. Die aufsichtführenden Lehrerinnen waren mit ihren Schülerinnen zusammen auf der Stelle tot gewesen. Viele Schülerinnen hatten versucht zu entkommen, indem sie in den Fluß sprangen, aber ihre Verbrennungen waren zu schlimm gewesen, und sie starben. Die Gesichter dieser toten Schülerinnen, die den Fluß hinuntertrieben, waren braunverbrannt, und ihre Uniformen* bestanden nur noch aus Fetzen. Man konnte sie nicht voneinander unterscheiden. Meine Schwester war wahrscheinlich eine von ihnen.

Einen Lehrer und vier Schüler fand man tot in einem großen Wasserbehälter vor dem Seigan-Tempel. Der Lehrer hatte sich über die Schüler geworfen, um sie mit seinem Körper zu schützen. Je mehr ich hörte, um so trauriger wurde ich.

Meine Mutter wurde so müde, daß sie nicht mehr reden konnte. Sie konnte nur noch weinen. Wir begannen uns vorzustellen, daß unser Vater vielleicht wirklich tot war, und jedesmal, wenn wir das taten, mußten wir weinen.

Tage wurden zu Monaten, und unsere Traurigkeit kehrte immer wieder zurück. Es wurde Zeit für mich, zur Schule zu gehen. Mutter mußte mich jeden Tag von unserem Haus draußen in Furuichi zur Grundschule von Senda in Hiroshima bringen.

Wir begannen im April, ein neues Haus zu bauen, dort, wo unser altes gestanden hatte. Mein Bruder und ich zogen vom Land dorthin, bevor es fertig war. Wir hatten *Tatami*-Matten anstelle von Türen, und wir schliefen auf nur drei Matten in einem Sechsmattenzimmer.**

## Wenn ich erwachsen bin ...

*Daiji Nakamura*
Schüler der 6. Klasse, damals fünf Jahre alt

Ich war gerade auf der Toilette im Kindergarten, als ich ein Flugzeug hörte. Ich fand Flugzeuge etwas ganz Tolles, so lief ich aus der Toilette und rannte die Treppe rauf. Da blitzte es. Ich

* An den meisten japanischen Schulen ist die einheitliche Schulkleidung auch heute noch vorgeschrieben.
** Das traditionelle japanische Wohnhaus ist mit *Tatami* ausgelegt, das sind aus gepreßtem Reisstroh hergestellte Matten mit einer Normgröße von 1,80 Meter mal 0,90 Meter. Nach der Tatami-Einheit werden Wohnräume und Wohngebäude bemessen.

fürchtete mich, darum legte ich mich auf den Bauch, und an mehr kann ich mich nicht erinnern. Als ich wieder aufwachte, hielt meine Mutter mich in den Armen, und wir waren in einem Luftschutzunterstand.

Vater brachte uns auf seinem Fahrrad Steppdecken. Er brachte auch Geld und einige Medikamente mit. Als alles wieder ruhig war, sagte Vater: »Hier ist es nicht sicher. Wir müssen hier raus.«

Wir rannten los, aber mein Fuß fing an, mir weh zu tun. Wir sahen uns meinen Fuß von unten an und entdeckten eine Schnittwunde an der mittleren Zehe. Mutter machte mir einen Verband und setzte mich auf das Fahrrad. Aber dann kamen wir an einen Hügel, und ich mußte wieder gehen. Wir folgten anderen Leuten und kamen nach Kawauchi, einem Vorort von Hiroshima. Wir übernachteten bei irgend jemandem, und dann baten wir die Leute, auf unser Bettzeug und ein paar andere Dinge aufzupassen, und gingen nach Yoshida-machi, einer Stadt 40 Kilometer nördlich von Hiroshima. Ein paar Tage später kamen wir zurück nach Kawauchi, und noch ein paar Tage später gingen wir wieder zurück nach Hiroshima. Alles war bis auf den Grund abgebrannt. Als es mir wieder besser ging, kam ich zur Grundschule, und als ich ein Zweitkläßler war, besuchte ich ab September die Grundschule in Noboricho, die zwischen Schloß und Hauptbahnhof liegt.

Jedesmal, wenn ich ein großes Flugzeug am Himmel sehe, erinnert es mich an den Tag. Jedesmal, wenn ich über die Aioi-Brücke gehe, denke ich, welche furchtbare Kraft eine Atombombe haben muß.

In der Zeitung hat gestanden, daß die Amerikaner eine Wasserstoffbombe gebaut haben, und als ich meine Mutter danach fragte, sagte sie, daß eine Wasserstoffbombe noch viel stärker sei als eine Atombombe. Ich war richtig erschrocken. Wenn ich erwachsen bin, möchte ich allen Kriegen ein Ende machen. Sogar jetzt kämpfen Menschen schon wieder in Korea, und viele Flugzeuge bringen Bomben dorthin. Die Koreaner tun mir leid.

# Nicht zu Ende gelesen

Daiji Nakamura gehört zu den ehemaligen »Kindern von Hiroshima«, mit denen ich im Februar 1982 in Hiroshima gesprochen habe.* Er ist verheiratet, hat drei Kinder und verdient seinen Lebensunterhalt als Ingenieur einer Firma, die Brücken baut. Das Buch *Genbaku no Ko* (»Die Kinder der Atombombe«) hat er bis heute nicht zu Ende gelesen, obwohl er selber dafür als Kind den vorhergehenden Bericht schrieb. Das könne er nicht schaffen, sagte Nakamura; jedesmal, wenn er damit anfange, kämen jene schrecklichen Erinnerungen wieder über ihn, und dann müsse er es zur Seite legen.

Nakamura brauchte viele Jahre, bis er überhaupt mit jemandem über seine Kindheitserlebnisse in Hiroshima sprechen konnte. Die Bemühungen einzelner Parteien und Gruppen in Japan, Hiroshima zu einem Friedenszentrum und zum Mittelpunkt einer Bewegung gegen Krieg und Rüstung zu machen, lehnte er entschieden ab. Erst in den letzten Jahren sei ihm wieder bewußt geworden, wie wichtig und unerläßlich die Beschäftigung mit Hiroshima sei. Der Ingenieur nennt dafür ein Beispiel aus der jüngsten Zeit. In Hiroshima fand Anfang 1982 eine Konferenz der japanischen Lehrergewerkschaft statt, sie befaßte sich mit dem Thema *Hiroshima und die Friedenserziehung in den Schulen.* Viele Leute in der Stadt hätten ohne Kenntnis der jüngsten Geschichte von Hiroshima gefragt, wieso eine solche Tagung gerade in Hiroshima stattfinden müsse. Nakamura: »Da wurde mir klar, daß wir schon dabei sind, unsere eigenen Erfahrungen zu verdrängen und zu vergessen.«

---

* Näheres über meine Reise nach Hiroshima und die Gespräche, die ich dort geführt habe, siehe S. 120.

# Mein Bruder sah aus
# wie eine Buddhafigur

*Shigehiro Naito*
Schüler der 6. Klasse, damals sechs Jahre alt

Am Morgen des 6. August saß ich mit meiner Mutter und meiner kleinen Schwester Naoko beim Frühstück. Es war Sommer, darum aßen wir im vorderen Zimmer. Mein großer Bruder war schon fertig mit dem Frühstück und zur Uferböschung des Flusses in der Nähe von uns gegangen. Er konnte Flugzeuge schon am Geräusch ihrer Motoren unterscheiden. Wir hörten eine B-29. Plötzlich war da ein Blitz und dann ein riesiger Knall. Wir wurden alle drei, meine Mutter, meine Schwester und ich, zu Boden geworfen. Nach etwa fünf Minuten kam ich wieder zu mir. Mutter und ich waren voller Blut. Die Küche war halb eingestürzt. Mutter hatte Angst. Sie nahm meine Hand und zog mich zur Haustür. Die Tür war zum Teil versperrt, aber ich konnte den zerstörten Zaun draußen sehen. Wir rannten hinaus. Alle Häuser um uns herum waren schwer beschädigt. Wir versuchten, auf die Straße zu kommen, die an der Uferböschung entlangführte, aber die Mauern am Rande der Straße waren eingestürzt. Mutter bat jemanden, uns zu helfen hindurchzukommen. Dann fanden wir meinen Bruder weinend auf der Böschung. Er war verletzt und hatte Angst. Ich lief zu ihm. Er sah aus, als ob alles in Ordnung wäre, aber er muß Verbrennungen gehabt haben. Ich blickte zum Fluß. Auf dem Wasser trieben Leichen.

»Ich hole Wasser, damit ihr euch waschen könnt«, sagte mein Bruder und holte Wasser aus der zerstörten Küche. Mutter und ich wuschen uns Gesicht und Hände. Mein Bruder hatte überall Brandwunden.

Am frühen Nachmittag kam Vater aus der Schule, wo er unterrichtete, nach Hause. Er war verletzt. Die Schule stand direkt hinter dem Gaswerk. Er sagte, daß er irgendwie eingeklemmt gewesen sei, aber jemand habe sein Rufen gehört und ihm herausgeholfen. Einer unserer Nachbarn hatte auf dem Rücken auch Verbrennungen. Er und mein Bruder gingen ins Krankenhaus, um ihre Wunden mit Öl behandeln zu lassen. In der Nacht schwoll mein Bruder furchtbar an. Er sah aus wie eine Buddhafigur aus Bronze.

Mutter und Vater wachten Tag für Tag bei ihm, aber was sie auch taten, nichts half ihm. Sein Fieber ging nicht herunter. Mutter kochte ihm einen Brei aus Reis, den sie gelagert hatte, aber er schien ihm nicht zu schmecken. Mutter und Vater waren auch verletzt, und wir konnten keinen Arzt bekommen und auch keine Medikamente.

Nach etwa zehn Tagen legten wir alle zusammen meinen Bruder auf eine Tragbahre und brachten ihn zur Grundschule in Danbara, in der Nähe des Hauptbahnhofs, wo man ein Feldlazarett eingerichtet hatte. Die Klassenzimmer waren voller Leute mit schweren Verbrennungen. Sie waren mit einer weißen Salbe und Mercurochrom eingerieben worden und stöhnten und weinten und griffen in die Luft. Soldaten versorgten sie. Es roch widerlich nach scharfen Desinfektionsmitteln und Eiter. Das genügte, um einem jeglichen Appetit an den Reiskugeln zu nehmen, die verteilt wurden. Mein Bruder konnte nicht viel essen, und es ging ihm immer schlechter. Seine Brandwunden wurden weich vor Eiter. Dann bekam er Durchfall. Auch meine Schwester bekam Durchfall. Und wir konnten nichts tun. Mein Bruder erhielt jeden Tag Kampfer- und Vitaminspritzen. Obwohl er so krank war, haben wir uns noch gestritten.

»Wenn ich wieder gesund bin, werde ich dich verprügeln«, schrie er mich an, aber er starb noch in derselben Nacht.

Wie furchtbar war es, bevor er starb! Sein ganzer Körper war vereitert, und er hatte sogar Maden unter der Haut.

Er tat mir so leid, besonders weil er bis zu seinem Tod glaubte, er würde wieder gesund werden. Am meisten vermisse ich ihn, wenn ich einen seiner alten Freunde treffe.

Ich hasse den Krieg. Wie schwer ist es für meine Mutter und meinen Vater gewesen. Ich bete um Frieden im Namen aller Menschen, die im Krieg gestorben sind.

*Erste Hilfe im Chaos. Ein Polizist, selber am Kopf verletzt, registriert Atombombenopfer, die notdürftig medizinisch versorgt wurden.*

53

# Es war, als stöhnte die Erde oder: Die ärztliche Hilfe kam für viele zu spät

In den ersten Stunden nach der Atomexplosion waren die Überlebenden in Hiroshima ganz auf sich allein gestellt, ohne Hilfe von außen. Was dies in einer Stadt bedeutet, deren sämtliche Funktionen von einer Minute zur anderen unterbrochen waren, das kann außer den Zeugen wohl kaum jemand ermessen. Eine Hölle eigener Art tat sich auf, in welcher sich viele nichts sehnlicher wünschten, als ebenfalls bald zu sterben, um von den entsetzlichen Qualen befreit zu werden. Da alle Voraussetzungen zur Hilfeleistung fehlten und niemand Erfahrungen mit einer Katastrophe solchen Ausmaßes besaß, liefen die ersten Rettungs- und Bergungsversuche erst ganz allmählich an.

Der deutsche Arzt Dr. Otfried Messerschmidt, Spezialist für Strahlenkrankheiten, hat 1957 und 1958 mit einigen anderen Medizinern aus der Bundesrepublik in japanischen Krankenhäusern und Instituten gearbeitet und seine Erfahrungen in dem Buch *Auswirkungen atomarer Detonation auf den Menschen* zusammengefaßt. Über die katastrophale Lage unmittelbar nach der Explosion bemerkt er:

»Starben die Menschen nicht schon in den ersten Stunden, so gingen sie doch in wenigen Tagen zugrunde, weil durch die tiefgreifende Zerstörung der Stadt auch das gesamte Versorgungswesen zusammengebrochen war. Es gab kein Wasser und keinen Strom, keine ausreichende Ernährung, keine Medikamente, kaum Ärzte, da diese bis auf wenige umgekommen oder schwer verletzt waren. So starben viele Menschen, die sonst zu retten gewesen wären, daran, daß ihre Wunden nicht behandelt wurden, keine Verbände gewechselt wurden, notwendigste ärztliche Eingriffe unterblieben. Viele hatten keine Decken und erst recht kein Bett, sondern lagen auf den Fußböden irgendeines Notlazaretts, einer Schule oder eines Tempels. Die Pflege bestand oft nur darin, Durst und Hunger mit Tee und Reis zu stillen und die Exkremente hinwegzuräumen. Diese trostlosen Zustände, zu denen noch epidemische Darmerkrankungen hinzukamen, trafen eine in vier schweren Kriegsjahren unterernährte und ausgemergelte Bevölkerung.«

Insgesamt 18 Nothospitäler und 32 Erste-Hilfe-Kliniken in Hiroshima waren zerstört worden; fast 90 Prozent des gesamten medizinischen Personals kam ums Leben oder war schwer verletzt. Am Tag nach der Explosion setzten sich von den Kasernen und Stützpunkten in der weiteren Umgebung der Stadt die ersten Bergungstrupps in Bewegung. In Schulen und Luftschutzunterständen richteten sie Erste-Hilfe-Stationen ein. Nur eine Handvoll Ärzte und medizinische Helfer sollten die Wunden von Tausenden heilen, eine unmögliche Aufgabe...

In der Industriestadt Nagasaki, wo am 9. August 1945 die zweite amerikanische Atombombe explodierte, war die Lage nicht ganz so verzweifelt wie in Hiroshima, denn ein Teil der Stadt war verschont geblieben und damit auch einige Krankenhäuser. In einem der Hospitäler arbeitete damals der 29jährige japanische Arzt Tatsuichiro Akizuki. Er hat seine Eindrücke später in einem Artikel wiedergegeben. Seine Beobachtungen lassen etwas von dem Inferno ahnen:

»Immer mehr Menschen... drängten sich im Hof des Krankenhauses zusammen. Sie kamen einzeln, paarweise, zehn Minuten, zwanzig Minuten, eine Stunde nach der Explosion. Alle sahen gleich aus, alle artikulierten in Urlauten das gleiche: ›Hitze... verletzt... Wasser, ich verbrenne.‹ Bis zur Hüfte nackt, teilweise völlig unbekleidet, stolperten sie herum. Ihr Stöhnen schien aus den innersten Eingeweiden zu kommen. Alle hatten diese weißlichen Gesichter, die wie Masken aussahen. Mir war, als träumte ich; als stünde ich vor einer Prozession von Geistern, die sich langsam an mir vorbeibewegt. Arbeiter oder Studenten, Frauen oder Männer: Sie stolperten langsam vorwärts. Sie stöhnten und weinten um

Hilfe. Die gespenstische Geräuschkulisse wurde immer lauter, je mehr Opfer sich auf dem Hof herumdrängten. Es war, als hätte sich die Erde aufgetan, es war, als stöhnte die Erde.«

Insgesamt sind in der Zeit vom 6. August bis 5. November 1945 316000 Atombombenopfer von 180 Ärzten und 5220 medizinischen Hilfskräften betreut worden.

# Bonbons mit in den Sarg

*Toshihiko Kondo*
Schüler der 7. Klasse, damals 1. Klasse

Oh, ich schaudere bei dem bloßen Gedanken an die schreckliche Atombombe, die am 6. August fiel. Wie gnadenlos zerstörte sie Hoffnungen!

Im August hatte ich Schulferien, und am Sechsten war der Himmel klar und blau.

Mutter und mein großer Bruder mußten Arbeitsdienst leisten und waren zum Rathaus gegangen, Vater zur Bank. Ich war allein zu Hause und spielte mit meinen Freunden beim Luftschutzunterstand in der Nähe.

Plötzlich blitzte es grell auf, und gleich darauf waren wir von schwarzem Rauch umgeben. Während ich verwirrt dastand und nachdachte, was ich tun sollte, begann sich das Haus vor uns in unsere Richtung zu neigen. Wir konnten uns gerade noch in Sicherheit bringen. Auf dem Weg nach Hause sah ich Kinder, die nach ihren Müttern riefen, und Leute, die ihre Wunden mit den Händen zusammenpreßten – schreckliche Bilder, die mir, wenn ich daran denke, noch heute Schauder über den Rücken laufen lassen. Zum Glück entkam ich ohne einen Kratzer.

Als ich nach Hause kam, waren Vater und Mutter noch nicht zurück, und ich fürchtete mich noch mehr. Unser Haus war umgefallen, und alles war in einem furchtbaren Durcheinander. Die Kommode war umgekippt, und überall lagen Kleidungsstük-

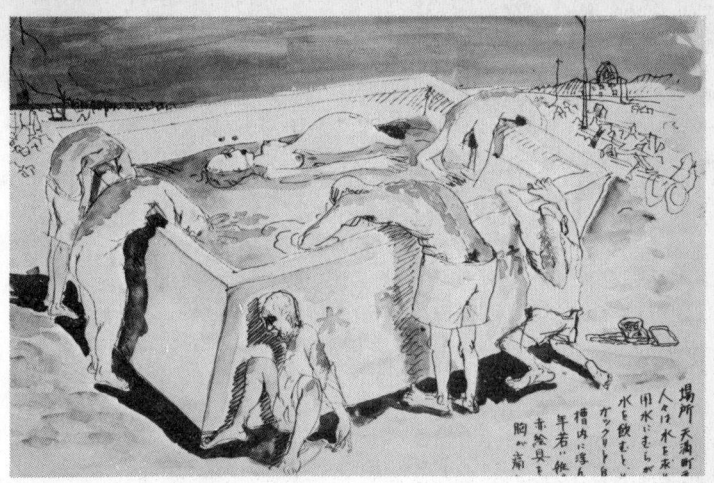

ke herum. Unsere Nachbarin sagte, ich sollte in den Unterstand gehen, und das tat ich sofort, weil ich hoffte, Vater könnte dort sein, aber er war nicht da. Meine Freunde waren alle mit ihren Müttern dort, und weil ich als einziger allein war, hockte ich mich allein in eine Ecke.

In dem Augenblick hörte ich meinen Vater rufen: »Ist Toshi da unten?«

Ich rannte aus dem Unterstand, und draußen stand Vater. Ich war so froh, daß mir die Tränen in die Augen stiegen. Wenn er nun nicht gekommen wäre? dachte ich, wo Mutter und mein Bruder doch auch noch nicht zurück sind.

Dann sagte Vater: »Komm, laß uns nach Mutter und deinem Bruder suchen.«

Wir beide machten uns auf den Weg zum Rathaus. Dabei sahen wir einen Mann, dessen Unterkörper von einem einge-stürzten Haus eingeklemmt war. Er rief ununterbrochen: »Hilfe! Hilfe!« Wir konnten nicht vorübergehen und tun, als hätten wir seine Rufe nicht gehört, also halfen wir ihm. Kaum war er befreit, da lief er fort, wobei er »Shinji! Shin-ji!« rief. Er muß wohl sein Kind gesucht haben. Auf der Hauptstraße waren die Oberleitungen der Straßenbahnen auf

57

den Boden gefallen, so daß es fast unmöglich war hindurchzukommen. Weiter vor uns sahen wir Flammen, die hoch emporloderten. Einige der zerstörten Häuser mußten in Brand geraten sein. Die Straße, auf der wir gingen, war keine richtige Straße. Wir gingen auf den Dächern der eingeebneten Häuser.

Ein paar Häuser entfernt von uns hörte ich ein Baby weinen. Man hörte, daß das Baby vor Angst zitterte. Wir wollten es retten, aber wir konnten nichts tun, weil das Haus davor schon in Flammen stand. Wir hörten das Baby hinter uns weinen, während wir zum Rathaus weitergingen. Als wir dort ankamen, lagen viele Menschen auf dem Boden. Wir suchten nach Mutter und meinem Bruder, aber wir fanden sie nicht. Enttäuscht und müde machten wir uns auf den Rückweg, da es aber gefährlich war, auf der Straße zu gehen, nahmen wir wieder den Weg über die Dächer. Wir machten einen langen Umweg, um das Feuer in der Nähe der Miyuki-Brücke zu meiden. Nach kurzer Zeit sahen wir einen Jungen, der uns entgegengestolpert kam. Es war mein Bruder. Er schien den Verstand verloren zu haben.

»Wo ist Mutter?« fragte ich ihn.

»Ich weiß nicht«, antwortete er.

Schließlich erfuhren wir, daß sie auf Ninoshima, einer Insel südlich von Hiroshima, war, und Vater entschloß sich, dorthin zu gehen. Ich blieb allein zurück mit meinem Bruder, der immer noch nicht ganz richtig im Kopf war. Wie sollte ich ganz allein für ihn sorgen? Ich ging erst in die erste Klasse. In der Nacht zündete ich eine Kerze an und hielt sie nahe an sein Gesicht. Es war geschwollen und voller Brandblasen. Er murmelte etwas, als ob er im Schlaf spräche, dann stand er plötzlich auf und rief: »Hurra! Hurra!« Vielleicht träumte er von einem Sportwettbewerb. Ich hielt ihn fest und rief immer wieder seinen Namen, aber er wollte sich nicht beruhigen. Schließlich lief ich zu unserm nächsten Nachbarn, und er beruhigte meinen Bruder. Inzwischen war es so spät geworden, daß ich zu Bett ging, aber ich machte mir so große Sorgen um meine Mutter und meinen Bruder, daß ich lange nicht einschlafen konnte. Am Morgen war Vater zurück.

*Toshihiko Kondo ist 1970 im Alter von 31 Jahren gestorben.*

»Was ist mit Mama?« fragte ich.

Er sagte nur: »Sie war tot. Sie haben ihren Leichnam auf der Insel verbrannt.«

Sie sagten, daß Mutter am ganzen Körper schwarzverbrannt war und im Laufe des Tages gestorben sei. Vater forderte mich auf, eine Schachtel zu öffnen. In der Schachtel war ihre Asche. Einen Augenblick lang war mir, als sei ich auf den Boden des Meeres gesunken. Um etwa 12.30 Uhr in derselben Nacht tat mein Bruder seinen letzten Atemzug.

Wir legten seinen Leichnam in einen Sarg, und wir gaben ihm Bonbons mit in den Sarg. Am nächsten Morgen brachten wir den Sarg zur Uferböschung, aber ich wollte nicht, daß sein Körper verbrannt wurde. Warum? Weil er neun Jahre lang ein so guter Bruder gewesen war. Und als ich daran dachte, wie nett er immer zu mir gewesen war, begann ich diejenigen zu hassen, die ihm das angetan hatten. Der Sarg wurde angezündet, und in dem Rauch und den Flammen sah ich die Gesichter meiner Mutter und meines Bruders erscheinen und wieder verschwinden. Ich sah Vater an. Tränen liefen ihm über die Wangen. Als wir am Abend die Asche meines Bruders holten, sagte Vater: »Toshi, deine Mutter und dein Bruder haben uns verlassen. Von jetzt an müssen wir allein weitergehen. Verstehst du mich?« Den Ausdruck in seinem Gesicht, als er das sagte, habe ich noch immer deutlich vor Augen.

Ich sagte zu mir: Ich habe nun weder Mutter noch Bruder. Ich habe nur einen Vater. Von jetzt an gibt es nur Vater und mich.

Als am nächsten Morgen der Himmel im Osten hell wurde, ging ich zur Uferböschung, wo am Tag zuvor der Leichnam meines Bruders verbrannt worden war. Erst da begriff ich wirklich, daß Mutter und mein Bruder die Erde für immer verlassen hatten.

# Ich verlor das Bewußtsein

*Kiyotoshi Arishige*
Schüler der 9. Klasse, damals 3. Klasse

Ich war damals in der dritten Klasse. Unser Haus war etwa 1,6 Kilometer vom Zentrum der Explosion entfernt, aber da es geräumt werden mußte, lebten wir in einem kleinen Haus hinten im Hof. Es hieß, daß es bei Luftangriffen in den Schulen zu gefährlich sei, darum hatten wir in einem Tempel in der Nähe Unterricht.

An dem Tag, an dem die Atombombe fiel, ging ich nicht zum Tempel, weil ich irgendwie keine Lust hatte. Ich lag und las eine Zeitschrift in einem kleinen Zimmer, das nach Süden ging. Wenn ich an dem Tag zum Tempel gegangen wäre, hätten die großen Bäume mich erschlagen. Später erfuhr ich, daß viele meiner Freunde, die zum Unterricht in den Tempel gegangen waren, umgekommen sind.

Ich war also in dem kleinen Zimmer, als es geschah. Das heißt, am 6. August 1945 gegen acht Uhr morgens. Auf einmal sah ich einen rosa-weißen Blitz. Als erstes dachte ich: O nein! Wir sind getroffen worden. Nichts wie raus. Ich rannte zum Fenster, um hinauszuklettern. Aber dann dachte ich, ich würde es nicht schaffen, und lief zur Tür, und in diesem Augenblick stürzte das Haus polternd ein, und ich verlor das Bewußtsein.

Als ich wieder zu mir kam, stellte ich fest, daß ich unter den Trümmern des eingestürzten Hauses begraben war. Zuerst hatte ich gar nicht mehr den Willen hinauszukommen. Aber dann kam es mir so vor, als riefe mich jemand, und ich kroch verbissen auf eine Lücke zu und gelangte schließlich ins Freie. Es war Mutter, die mich gerufen hatte.

Ich hatte gedacht, nur unser Haus sei zerstört worden, aber zu meiner Verwunderung waren ringsum alle Häuser dem Erdboden gleichgemacht oder halb zerstört. Der Himmel war grau und bedeckt, und an den Telefonleitungen, die an vielen Stellen zerrissen herunterhingen, klebten Stoff- und Papierfetzen. Ich ging aufs Feld hinter unserm Haus. Fünf oder sechs Nachbarn kamen angerannt. Erst da bemerkte ich die Schnittwunde an meiner Hand. Ich hatte sie mir wahrscheinlich von einem Nagel oder so was geholt, als das Haus über mir einstürzte. Ich wusch die Wunde unter der Pumpe am Rand des Feldes aus, und dann gingen Mutter und ich zur Straße, auf der Leute in Richtung Westen liefen, mit versengtem Haar und zerrissenen Kleidern, viele mit Verbrennungen und Verletzungen. Wir schlossen uns ihnen an. Bei der Kanon-Brücke, 1,5 Kilometer südwestlich der Abwurfstelle, wandten wir uns nach Süden in Richtung Eba-Park. Die Straße war ebenfalls voller Menschen, die der Katastrophe zu entkommen suchten. Einige von ihnen hatten so schlimme Verletzungen und Verbrennungen, daß sie nicht weitergehen konnten und sich erschöpft und mit leeren Blicken an den Straßenrand setzten.

Als wir die Uferböschung hinuntergingen, begann ein schwarzer und kühler Regen zu fallen. Ich sah Fahrräder, Fußbälle und viele andere Dinge um die Häuser herum auf dem Boden liegen, aber niemand machte sich die Mühe, etwas aufzuheben. Alle dachten nur daran wegzukommen. Hinter dem Eba-Hügel kamen wir zu einem Gebäude, das wie eine

Kaserne aussah. Dort gingen wir in einen Luftschutzunterstand und ruhten uns eine Weile aus.

Nach einiger Zeit kam ein Soldat und führte uns zu einem Zelt, das neben dem Betongebäude aufgeschlagen war. In dem Zelt lagen viele Leute mit Verletzungen und Verbrennungen auf dem Boden. Gegen Abend hörte ich meinen Namen rufen. Es klang, als sei es meine Schwester. Ich rannte hinaus, und draußen stand sie, meine älteste Schwester. (Sie arbeitete im öffentlichen Krankenhaus in Eba.) Sie nahm Mutter und mich mit ins Krankenhaus.

Das Krankenhaus war auch voller Verletzter und Menschen mit Verbrennungen. Unter ihnen fand ich meine andere große Schwester. Sie lag dort mit Verbrennungen im ganzen Gesicht und litt große Schmerzen. Als es dunkel wurde, begann der Himmel über Yokogawa und Kamiya-cho in unmittelbarer Nähe des Explosionszentrums rot zu glühen. Die Häuser dort müssen alle gebrannt haben. Ich verbrachte die Nacht mit meiner Schwester und ihren Freundinnen draußen in einem Luftschutzunterstand. Als ich dort lag, war mir, als hörte ich tief in den Ohren das Stöhnen, das ich den ganzen Tag gehört hatte. Mir stand auch das Bild der von der Decke herunterhängenden Injektionsspritze vor Augen, mit ihrer langen, in den Oberschenkel eindringenden Nadel. Es war nicht leicht einzuschlafen. Am nächsten Tag kam auch Vater ins Krankenhaus. Er sagte, daß er früh am Morgen des Sechsten nach Gion, einem Vorort im Norden von Hiroshima, gefahren und dadurch von der Bombe verschont worden sei.

Am selben Tag gingen Vater und ich dorthin, wo unser Haus gestanden hatte, aber es war wie vom Erdboden verschwunden, nur ein Feigenbaum und das ausgebrannte Metallgerüst einer Nähmaschine waren übriggeblieben. Ein Telegrafenmast schwelte immer noch. Die Straße war bedeckt mit zerbrochenen Dachpfannen und Ziegelsteinen, und nur hier und dort sah man ein paar Leute. Wir gingen weiter zu dem, was vom Haus meines Onkels übriggeblieben war. Onkel Takagi und Onkel Yamano und die anderen hausten in einem Luftschutzunterstand. Nachdem über alles ausführlich geredet worden war, wurde beschlossen, daß ich mit der Familie meines Onkels zur Insel Nomishima, die 20 Kilometer südlich von Hiroshima in dem Binnenmeer Seto liegt, fahren sollte. Ihre Tochter Takae hatte zwar Verbrennungen erlitten, lebte aber, während ihr Sohn Taro ums Leben gekommen war. Takae sagte mir später, es sei passiert, als sie über die Sumiyoshi-Brücke in der Nähe von Funairi-machi, etwa zwei Kilometer südwestlich vom Explosionszentrum, gegangen war. Weil sie eine dicke Jacke trug, hatte sie nur an der nach Norden zugewandten Seite ihres Gesichts Verbrennungen erlitten und an ihren Armen und Händen, die von der kurzärmligen Jacke nicht bedeckt waren.

Einige Tage später, nachdem wir auf der Insel angekommen waren, ging jemand durch die Straßen und rief: »Ab heute mittag wird eine wichtige Meldung über den Rundfunk verbreitet. Bitte hören Sie zu.« Mittags verkündete dann Seine Majestät der Kaiser über den Rundfunk, daß Japan im Krieg besiegt worden sei. Am nächsten Tag gingen mein Onkel und ich nach Kanokawa. Das Haus dort steht an einem Hang, von wo aus man einen schönen Blick auf das Binnenmeer Seto hat. Jeden Tag würde ich also diesen wunderschönen Ausblick auf das Meer haben. Unwillkürlich traten mir Tränen in die Augen.

Als wir etwa fünf Tage später nach Hiroshima zurückkehrten, wollte ich Mutter im Krankenhaus in Eba besuchen, aber sie war tot. Ich erfuhr, daß sie vor vier Tagen gestorben war. Heute habe ich das Gefühl, daß es ihr Tod gewesen ist, der mir Tränen in die Augen steigen ließ, wenn ich vom Dorf Kanokawa aus auf das blaue Meer schaute. Meine nächstältere Schwester lag auch in dem Krankenhaus, sie starb etwa zehn Tage später.

So hat die Atombombe von meiner Familie schmerzliche Opfer gefordert: das Leben meiner Mutter und das meiner Schwester. Und was mich angeht: Ich mußte mehrere Monate im Krankenhaus bleiben.

# Eine lange, bedrückende Pause

Das Interview mit Kiyotoshi Arishige dauert nur wenige Minuten. Der heute 46jährige schildert kurz Familienstand und Beruf; er ist verheiratet, hat zwei Kinder und arbeitet als Verkäufer bei einer Baustoff-Firma. Seinen Bericht, den er als Schüler für Professor Osada niedergeschrieben hat, ergänzt er durch die Mitteilung, daß 1954 – also drei Jahre nach Erscheinen des Buches *Genbaku no Ko* (»Die Kinder der Atombombe«) – auch sein Vater gestorben sei, vermutlich ebenfalls an den Folgen der Bestrahlung durch die Atombombe, wie seine Mutter und seine älteste Schwester. Die genaue Todesursache habe man damals nicht feststellen können, weil die Untersuchungsmethoden noch nicht sehr gründlich gewesen seien, sagt Arishige. Dann stelle ich die Frage, wie er mit einem solch schlimmen Schicksal bisher gelebt habe, ob er es verarbeitet habe. Daraufhin entsteht eine lange, bedrückende Pause. Schließlich erwidert er, das sei ihm zuviel, und wir beschließen, das Gespräch abzubrechen.


# Einer nach dem andern starb

*Takako Okimoto*
Schülerin der 8. Klasse, damals 2. Klasse


Der sechste Tag im August 1945! Ein Datum, das tief in mein Herz eingraviert ist, weil die grausame Bombe in einem einzigen Augenblick einen so schrecklichen Tribut an kostbaren Menschenleben forderte. Jedesmal, wenn ich an den Tag denke, wird mir kalt. Ich bin eine von den vielen, die ihre unersetzbaren Eltern, Brüder und Schwestern, Verwandten und Freunde verloren hat. Sie alle starben, einer nach dem andern. Das Schicksal meines großen Bruders, der beim Arbeitsdienst eingesetzt war, ist immer noch ungeklärt. Mein anderer Bruder erlitt schwere Verbrennungen am ganzen Körper und starb am nächsten Tag in der Grundschule von Koi, 2,5 Kilometer vom Explosionszentrum entfernt. Wir ließen seinen Leichnam in der Schule, und meine Eltern, meine Schwestern und ich zogen aufs Land. Aber es gab dort keine guten Ärzte, darum kehrte Mutter nach Hiroshima zurück. Am Tag darauf schickte mein Onkel uns eine Nachricht, daß es ihr plötzlich schlechter gehe, und bat uns, in die Stadt zurückzukommen. Am nächsten Morgen nahmen wir zu dritt den ersten Zug in die Stadt. Überall hing widerlicher Geruch in der Luft, und das, was wir sahen, war entsetzlich. Weit und breit war alles so völlig verwüstet, wie man es sich schlimmer nicht vorstellen kann: Von dem, was Hiroshima gewesen war, war nichts mehr übriggeblieben. Irgendwie gelangten wir nach Hause und erfuhren, daß Mutter kurz zuvor gestorben war. Ich weinte und weinte. Wir verbrannten ihren Leichnam im trockenen Flußbett. Hier und da verbrannten auch andere Leute Leichen. Am gleichen Abend trafen wir mit den sterblichen Überresten meiner Mutter wieder im Haus meines Onkels auf dem Land ein, und dort starb meine große Schwester.

Obwohl ich zu jung war und nicht wußte, was ich tun sollte, tat ich, was ich konnte, um meinem Vater und meiner kleinen Schwester zu helfen. Aber trotz meiner Pflege starb meine kleine Schwester einen Tag nach dem Trauergottesdienst für meine erste Schwester. Vater nahm an der Trauerfeier für meine große Schwester teil, aber als meine kleine Schwester starb, war er schon so schwach, daß er nicht mehr hingehen konnte. Der buddhistische Mönch, der die Feiern bei den Beerdigungen meiner beiden Schwestern abhielt, muß auch das Gift eingeatmet haben, denn die Begräbnisfeier für meinen Vater übernahm er nicht.

Vater muß sehr traurig und einsam gewesen sein, als er seine Söhne und Töchter nacheinander sterben sah, aber jedesmal, wenn ich fragte: »Wie fühlst du dich heute?«, sagte er: »Heute morgen fühle ich mich etwas besser, mein Liebes.« Er wollte nicht, daß ich mir Sorgen machte, aber er wurde immer schwächer. Am Morgen des 10. September entschlief er, und der Gedanke, mich allein zurückzulassen, belastete ihn bis zuletzt. Vor seinem Tode sagte er oft: »Hoffentlich sterbe ich nicht. Jetzt, da wir unser Haus und unseren Besitz in den Flammen verloren haben, möchte ich hier auf dem Land bleiben und Bauer sein und mit dir ein ruhiges Leben führen.«

Am 15. August kapitulierte Japan schließlich. Im und um den Bahnhof gab es viele Bettler. Die Stadt war voller Diebe und Räuber, und es wurde immer schlimmer.

Und woher ist dies alles gekommen? Durch den Krieg! Ohne den verdammten Krieg wären nicht so viele Menschen so unglücklich gemacht worden. Ohne Krieg kann man überall auf der Welt heiter und friedlich leben. Die neue Verfassung lehnt den Krieg ab. Obwohl es jetzt keinen Krieg mit anderen Ländern gibt, kämpfen in Japan Japaner gegen Japaner, als ob sie nicht wüßten, daß die Menschen alle gleich sind. So wird Japan nie Frieden haben. Ich glaube, wenn wir ein friedliches Land aufbauen wollen, sollten wir mehr Rücksicht aufeinander nehmen.*

## Und ich weinte und weinte ...

*Toshihiko Tanabe*
Schüler der 8. Klasse, damals 2. Klasse

Ein Blitz und dann ein schreckliches Geräusch, und ganz Hiroshima war ausgelöscht. Hat es in der Geschichte der Menschheit je zuvor eine derartige Katastrophe gegeben? Hat es je etwas von solch ungeheurer Kraft gegeben? Ja, Atomenergie. Atomenergie ist schrecklich. Wenn sie zu schlimmen Zwecken benutzt wird, dann wird sie die Menschheit vernichten. Wenn sie zu guten

---

* In Artikel 9 der japanischen Verfassung vom 3. November 1946 heißt es: »Das japanische Volk wünscht aufrichtig einen internationalen Frieden, bei dem Gerechtigkeit und Ordnung die Grundlage bilden, und verzichtet auf ewig auf den Krieg als Mittel der Staatsgewalt und auf Drohung mit Waffengewalt und auf die Verwendung von Waffengewalt als Mittel zur Beilegung von internationalen Auseinandersetzungen. Um den Zweck des obigen Abschnitts zu erreichen, werden keine Land-, See- und Luftstreitkräfte oder sonstiges Kriegspotential unterhalten. Das Recht auf Kriegführung durch den Staat wird nicht anerkannt.« Trotz dieses eindeutig formulierten Friedensgebotes, das nach wie vor gültig ist, unterhält Japan sogenannte Selbstverteidigungsstreitkräfte, und zwar ingesamt etwa 240 000 Soldaten, die Hälfte der Truppenstärke der Bundeswehr.

Zwecken benutzt wird, dann werden die Menschen um so glücklicher werden, je mehr davon genutzt wird, und es wird Frieden geben.* Mit dem Blitz und dem Knall von damals erloschen Hunderttausende von Menschenleben. Was für ein entsetzliches Geschehen! 6. August, 8.15 Uhr. Das war der Tag, der sich mir tiefer eingeprägt hat als irgend etwas sonst in meinem Leben.

Ein paar Tage danach kam ich zurück zu unserem Haus, um nach meiner Mama und meinem Papa zu suchen. Ich hämmerte an die Tür und brüllte, aber niemand antwortete mir. Ich ging hinein, aber das Haus war leer. Ich war damals erst in der zweiten Grundschulklasse, und zuerst begriff ich nichts. Aber im Laufe der nächsten Tage fing ich an zu begreifen. Waren Vater und Mutter tot? Der Gedanke allein machte mich schon traurig. Mein Vater war so gut und so stark. Ich dachte, auch eine solche Bombe könnte ihn nicht umbringen, nicht meinen Papa. Und ich sagte mir immer wieder, daß auch meine Mutter noch lebte.

Sechs Tage später, um die Mittagszeit, wankte ein Soldat, schmutzig und blutverschmiert, mühsam auf einen Stock gestützt ins Haus. Es war niemand anders als mein lieber, unvergeßlicher Vater. Ich war so glücklich! Ich rannte zu ihm und umarmte ihn. Ich hatte recht gehabt: Mein Vater war stark und wunderbar.

»Wo ist deine Mutter?« fragte er. »Sie ist noch nicht zurückgekommen«, entgegnete ich. »Noch nicht zurückgekommen? Dann gibt es keine Hoffnung mehr«, sagte er. Von da an lag er im Bett. Mein Glück war von kurzer Dauer. Mein Vater war von dem Gift so geschädigt worden, daß er am 16. um die Mittagszeit starb, während ich mich an ihn klammerte und weinte und weinte. Meine Mutter ist nie zurückgekommen. Ich weiß nicht, wo sie gestorben ist. Und wenn ich daran dachte, daß jetzt nur noch wir und Großmutter da waren, wurde ich wieder traurig.

* Anfang der fünfziger Jahre begann die Diskussion über die »friedliche Nutzung der Atomenergie«. Damals glaubten viele, die Kernkraft könne sich zum Segen für die Menschheit auswirken, wenn sie nur richtig genutzt werde – eine Erwartung, die inzwischen vielfach erschüttert wurde, auch in Japan, wo über 20 Kernkraftwerke errichtet wurden, die meisten gegen den Widerstand der Bevölkerung.

Sechs Jahre sind seitdem vergangen, aber den 6. August 1945 habe ich nicht vergessen. Bald wird der Todestag meiner Eltern zum siebtenmal wiederkehren. Ich bete darum, daß die Atomenergie für gute und friedliche Zwecke genutzt wird, nicht für schlimme!

## Dieses schöne, dichte Leben

Toshihiko Tanabe hatte sich ebenfalls zu einem Gespräch bereit erklärt. Er stößt mit etwas Verspätung zu der Runde, die sich in der Friedensgedächtnis-Halle von Hiroshima eingefunden hat, weil er Grippe hat und nicht weiß, ob er die ganze Zeit dabeisein kann. Tanabe leitet eine Werbeagentur in Hiroshima. Am Anfang skizziert er seinen Lebenslauf seit dem 6. August 1945. Schließlich frage ich ihn, ob er es bei seinem eigenen Schicksal richtig findet, über Hiroshima und die Atombombe zu reden, oder ob es sinnvoller sei, zu schweigen. Die Antwort fällt länger als erwartet aus; sie soll im Wortlaut wiedergegeben werden:

»Das ist schwer für mich, darauf etwas zu erwidern. Im Grunde genommen befinde ich mich immer noch im Zustand vor einer solchen Antwort. Wenn ich meine Situation bedenke: Ich habe meinen Vater, meine Mutter, meine Geschwister, die ganze Familie durch die Bombe verloren. Das heißt, ich besaß nichts mehr, keine Angehörigen, keine Unterkunft, kein Eigentum, gar nichts. Mir blieb buchstäblich nichts mehr als das Leben selbst, die Notwendigkeit zu überleben, eine materielle Grundlage zu schaffen.

Jetzt bin ich 44 Jahre alt und habe meine eigene Familie. Wenn ich ehrlich bin, so muß ich sagen, daß ich auch heute noch nicht dazu komme, über meine Erfahrungen mit der Atombombe in der Öffentlichkeit zu sprechen. Aber mit meinen Kindern rede ich darüber, muß ich darüber reden. Ich habe eine Tochter und einen Sohn. Und jedes Jahr am 6. August nehme ich meine Kinder an die Hand und gehe mit ihnen zu dem Zaun, der die

*Toshihiko Tanabe vor dem Zaun, der die ehemalige Industrie-
und Handelskammer von Hiroshima, den Atomdom, umgibt.
An dieser Stelle stand sein elterliches Haus.*

Ruine der ehemaligen Handelskammer von Hiroshima umgibt.
Genau dort hat nämlich unser Haus gestanden.

Ich erzähle meinen Kindern, wie es früher in dieser Gegend
ausgesehen hat. Heute liegen um das kuppelförmige Gebäude
herum nur freie Flächen, aber früher war das ein richtiger
Wohnbezirk, und zwar bis an den Fluß. Dort gab es zum Beispiel
Reisgeschäfte, einen Fotoladen und viele kleine, enge Straßen.
Unsere Kinderspiele hatten hauptsächlich mit dem Fluß zu tun,
in dem ich übrigens schwimmen gelernt habe. Dem Fluß hat
man *ubuju* entnommen, das Wasser, das die Hebamme vor der
Geburt aufkocht und dann zum Waschen verwendet. Außerdem
gab es noch den *sajori*, einen sehr schön anzusehenden Fisch, der
nur in ganz sauberen Gewässern existiert. So klar war das
Wasser.

Dieses schöne, dichte Leben wurde durch den Blitz total
zerstört, in einem einzigen Augenblick.

Mein Vater war gerade in dem Stadtteil Kamiya-cho, als die

Bombe fiel, also in unmittelbarer Nähe des Explosionszentrums. Im Krieg gab es fast an jeder Haltestelle der Straßenbahn einen Luftschutzunterstand. Am Morgen des 6. August war es sehr heiß, und zwei Soldaten wollten ihm, dem Offizier, gerade einen Platz in dem Bunker zum Ausruhen anbieten, als die Bombe explodierte. Von den beiden Soldaten war einer sofort tot, der andere schwer verletzt. Mein Vater nahm den verletzten Soldaten auf den Rücken und ging mit ihm in Richtung Nakajama, das liegt jenseits der Handelskammer. In der Nähe von Nakajama gab es einige Häuser, die noch nicht restlos zerstört waren. Dort gab mein Vater den Soldaten in Pflege und machte sich dann erst auf die Suche nach meiner Mutter und meinem Bruder, jedoch vergeblich. Er fand niemanden. Anschließend ist er zu mir gekommen, ich hielt mich ja bei Verwandten auf. Aber neun Tage später, genau an dem Tag, als der Kaiser seine berühmte Kapitulationsrede im Radio hielt, starb mein Vater. Ich bin heute noch stolz auf ihn und finde es wichtig, mit meinen Kindern über ihn zu sprechen und darüber, wo und wie wir damals in Hiroshima gelebt haben.«

## Eine riesige weiße Rauchsäule

*Shigeru Tasaka*
Schüler der 9. Klasse, damals 3. Klasse

Die Einwohner von Hiroshima fragten sich seit einiger Zeit, warum ihre Stadt noch immer unzerstört war, während andere große Städte in ganz Japan bombardiert wurden. Manche Leute dachten, daß Hiroshima möglicherweise für ein Experiment oder einen Test vorgesehen war. Zu unserem Unglück traf das zu. Der verhängnisvolle 6. August hatte auf die Stadt gewartet. Der Tag dämmerte ohne eine Wolke am Himmel. Um 8.15 Uhr wurde die verfluchte Atombombe über dem Zentrum von Hiroshima abgeworfen. In einem einzigen Augenblick war die ganze Stadt von der Erdoberfläche verschwunden, und 247 000 unschuldige Menschen hatten ihr Leben verloren.* Ich war damals erst acht, aber ich kann mich noch gut an den Tag erinnern.

Ich war damals krank und lag an dem Morgen noch im Bett. Meine Schwester hatte sich den Tag freigenommen und lag auch noch im Bett. Es war Entwarnung gegeben worden, und ich hatte keine Angst. Ich schaute gerade aus dem Fenster, als plötzlich ein bläulich-weißes Licht aufblitzte. Während ich meine Schwester noch fragte, was das sei, erschütterte eine schwere Explosion das Haus. Ich hörte von oben das Geräusch von zersplitterndem Glas. Wir wohnten etwa fünf Kilometer entfernt vom Zentrum der Explosion, hinter einem Hügel. So waren wir und die anderen Häuser vor der direkten Druckwelle geschützt. Mutter, die in der Küche beschäftigt war, wunderte sich über das merkwürdige Licht. Sie öffnete das Fenster, um hinauszuschauen, und hörte in diesem Augenblick die Explosion. Erschrocken schob sie das Moskitonetz zur Seite und kam zu uns hereingelaufen, und wir drei verkrochen uns unter den Bettüchern. Nach einer Weile ging ich nach draußen. Alle Leute ringsum blickten auf den Hügel. Eine riesige weiße Rauchsäule ragte hoch in den Himmel. Ihr unterer Teil war rötlich, wahrscheinlich wegen des Feuers. Niemand wußte, was geschehen war.

Ich ging nach oben. Die Zimmer waren übersät mit zerbrochenen Fensterscheiben und den Bruchstücken eines zolldicken Holzrahmens. Gewöhnlich war ich um die Tageszeit oben, aber gerade an diesem Tag lag ich unten länger als sonst im Bett, und das rettete mir das Leben. In der Nähe stand ein

---

* Die Angaben über die Zahl der Atomtoten schwanken in vielen Berichten, nicht nur der »Kinder von Hiroshima«, sondern auch in wissenschaftlichen und historischen Untersuchungen. In dem Buch *Hiroshima and Nagasaki – The Physical, Medical and Social Effects of the Atomic Bombings* sind folgende Zahlen angegeben:
In Hiroshima 140000 Tote unmittelbar durch die Explosion. 160000 betroffene Überlebende waren bis 1960 registriert, bis 1977 wurden ingesamt 180000 Hiroshima-Überlebende erfaßt, von staatlichen Stellen als Atombombenopfer anerkannt, medizinisch regelmäßig kontrolliert und finanziell unterstützt.
Die Zahlen für Nagasaki: 70000 Tote unmittelbar nach der Explosion. Bis 1960 waren von den überlebenden Opfern etwa 100000 registriert, bis 1977 insgesamt 110000. In anderen Gegenden Japans leben außerdem noch etwa 77000 anerkannte Atombombenopfer, so daß sich ihre Gesamtzahl auf 367000 beläuft.

Lagerhaus, dessen Vorderseite in die der Explosion entgegengesetzte Richtung zeigte. Die Tür des Lagerhauses war etwa zehn Zentimeter dick und mit über zwölf Zentimeter langen Nägeln befestigt, aber die Stärke der Druckwelle, die von dem Haus abprallte, zerrte die Nägel heraus und riß die Tür ins Haus hinein. Die Zeiger der Uhr zeigten auf Viertel nach acht. In unserer Nachbarschaft hatte die Druckwelle viele Häuser abgedeckt. Das zeigt die gewaltige Kraft der Explosion.

Gegen Mittag kamen Leute vom Arbeitsdienst allmählich zu zweit oder zu dritt zurück. (Ihre Aufgabe war es, Häuser abzureißen, um ein Ausbreiten der durch Brandbomben verursachten Brände zu verhindern.) Einige von ihnen dachten, die Munitionsfabrik sei getroffen worden und die Explosion sei eine Folge davon, und tatsächlich konnte man das dumpfe Geräusch von Explosionen hören. Aber andere meinten, es müsse sich um eine neue Art von Bomben handeln. Das klang wahrscheinlicher, da fast alle Häuser in der Stadt zerstört worden waren und überall Feuer ausgebrochen war, und die Menschen auf den Karren hatten Brandwunden und Verletzungen. Rundfunk, Strom- und Wasserversorgung waren natürlich unterbrochen. Wenn Familienmitglieder bei Einbruch der Dunkelheit noch nicht zurückgekehrt waren, machten sich die Angehörigen große Sorgen und gingen los, um die Vermißten zu suchen, aber sie konnten sich dem Zentrum nicht nähern, weil die ganze Stadt noch immer in Flammen stand.

Am 12. August kam Vater aus Yamaguchi, der Hauptstadt einer Präfektur westlich von Hiroshima, zurück und beschrieb die Situation in der Stadt. Ich war sehr erschrocken. Wie entsetzlich die Atombombe ist, kann man sich leicht vorstellen, wenn man bedenkt, daß ich, der vorher überhaupt nicht auf Flugzeuge geachtet hatte, jetzt bei dem entferntesten Motorengeräusch zusammenzuckte. Erst jetzt wurde mir klar, wie hassenswert und scheußlich Krieg ist. Als die bedingungslose Kapitulation verkündet wurde, weinten alle vor Demütigung. Ich war auch traurig, aber irgendwie auch sehr erleichtert. Ich wünschte sogar, daß während dieses Krieges überall Atombomben abgeworfen worden wären, so daß jedes Land den Schrecken der Bomben auf eigenem Boden hätte erfahren können. Denn wenn die Menschen wirklich verstünden, wie barbarisch, grausam, unzivilisiert und widerwärtig ein Atomkrieg ist, würden sie, denke ich, den scheußlichen Krieg in Korea beenden.

# Ich lief barfuß durch das Feuer

*Yuriko Yamamura*
Schülerin der 9. Klasse, damals 3. Klasse

Der 6. August 1945 wird immer unvergeßlich bleiben. Dieser schreckliche Atombombentag. Er wird eine der traurigsten Erinnerungen meines Lebens sein. Diese scheußlichen Szenen, die ich an jenem Tag miterlebte, vier Tage nach meinem Geburtstag! Diese quälenden Erinnerungen, die ich nie loswerde. Oh, Krieg ist furchtbar, ich werde den Krieg immer hassen!

Damals lebten wir in Dote-machi am Fuß des Hijiyama-Hügels. Es waren sehr heiße Tage. Mutter hatte mir am Abend vorher ein neues Kleid genäht. Am Morgen des 6. August nähte sie die Knöpfe an. Die Schule mußte gleich anfangen, und normalerweise wäre ich schon dort gewesen, aber an diesem Morgen hatten mich meine Freundinnen nicht abgeholt, was sie sonst immer taten. Und Vater, der auch später als sonst fertig war, um in sein Büro zu gehen, rauchte noch eine Zigarette im Flur und sagte: »Ich fühle mich heute morgen gar nicht besonders wohl.« Mein Bruder lief gewöhnlich fast nackt am frühen Morgen nach draußen, um Streiche in der Nachbarschaft zu machen, aber diesmal war er zu Hause und behielt seine Jacke an. Wenn ich zurückdenke, kommt es mir so vor, als ob wir uns an diesem Morgen alle anders als sonst verhalten hätten.

Ich saß neben Mutter und sah ihr beim Nähen zu. Wir waren in einem Sechs-Matten-Zimmer im Erdgeschoß. Das Zimmer nebenan hatte vier Matten. An der anderen Seite des Flurs war ein Wohnzimmer. Oben war niemand. Mein großer Bruder war beim Kadetten-Korps der Marine.

Es hatte Entwarnung gegeben, und wir hatten den Luftschutzunterstand verlassen und waren wieder ins Haus gegangen.

In diesem Augenblick sah ich ein grelles Licht hinter unserer Gartenmauer aufblitzen. Es blendete die Augen, ich habe es wirklich gesehen. Ich war erschrocken. Plötzlich fand ich mich eingeklemmt unter einer Kommode in der Ecke des Flurs wieder. Ob ich hingerannt bin oder hingeschleudert wurde, weiß ich nicht. Es war völlig dunkel. Mir tat nichts weh, aber ich zitterte vor Angst. Ich ging damals erst in die dritte Klasse. Verzweifelt schrie ich um Hilfe, so laut ich konnte. Explosionen, Schreie, einstürzende Häuser... In der Dunkelheit hörte ich Mutter rufen: »Ich bin hier.« Aber ich wußte nicht, woher ihre Stimme kam. Ich konnte sie nur hören.

»Helft mir, helft mir«, stammelte mein dreijähriger Bruder. Als Vater ihn weinen hörte, riß er wie besessen die Fußbodenbretter auf und zog ihn schließlich heraus. Sein Gesicht war blutig. Vater drückte ihn an sich und kroch durch die Trümmer auf die Straße. Die Treppe war verschwunden, dort war nichts mehr. Irgendwie kamen wir hinaus. Von allen Seiten waren Hilferufe zu hören. Wie soll ich diese kläglichen, gequälten Rufe beschreiben? Mutter und ich gingen vorsichtig zum Unterstand, aber Vater versuchte zuerst, einigen Leuten aus den Trümmern zu helfen. Ein Kind der Familie K. von nebenan war von dem zusammenstürzenden Haus eingeschlossen und rief mit lauter Stimme: »Mutter, Hilfe, Hilfe.« Vater und Herr Okamoto versuchten sofort, ihn herauszuholen, aber sie konnten nichts tun. »Einen Augenblick noch. Ich hole eine Säge, um dich da rauszuholen«, sagte Vater, aber nur, um dem Jungen Mut zu machen, und dann half er, andere Leute zu befreien. Es waren so viele Menschen in Not, daß es weit über seine Kräfte ging, allen aus den Trümmern herauszuhelfen. Die Flammen rückten immer näher und züngelten schon an den Häusern direkt neben uns hoch. Wir alle, auch die, die gerade aus den Trümmern befreit worden waren, liefen zu einem Unterstand an der Uferböschung. Er war schon voller Menschen. Wir quetschten uns hinein. Während Vater am Eingang stand und das Flugzeug am Himmel beobachtete, brüllte jemand: »Mit

Ihrem weißen Hut machen Sie das Flugzeug aufmerksam auf uns. Kommen Sie rein.« Vater ging also auch in den Unterstand.

Wenn ich jetzt darüber nachdenke, frage ich mich, ob es überhaupt möglich ist, einen weißen Hut aus der Luft zu erkennen. Wahrscheinlich nicht. Es war auch albern, denke ich heute, daß wir Japaner mit Bambuslanzen und -speeren üben mußten und auch übten, Wasser aus kleinen Eimern zu schütten. Ich habe Vater selber mit einer kleinen Lanze, die er für mich angefertigt hatte, begleitet, wenn er am frühen Morgen zum Üben ging. Ich trainierte mit den Erwachsenen. Kein Wunder, daß Japan den Krieg verloren hat.

Im Unterstand sagten Vater und Mutter zu meinem kleinen Bruder: »Versuche zu stehen. Jetzt geh. Lauf.« Er konnte ganz gut stehen, gehen und laufen. Das Blut auf seinem Gesicht kam von einer leichten Schnittwunde an der Stirn, und wir waren erleichtert. Eine Gesichtswunde blutet sehr stark, darum hatten wir zuerst befürchtet, es sei eine ernsthafte Verletzung. In dem Moment wurde ein blutüberströmter Mann auf einer Tragbahre vorbeigetragen. Es war ein junger Mann, den wir kannten. Er war wirklich von Kopf bis Fuß getränkt mit frischem roten Blut. Er hatte aus seinem Fenster auf den Fluß geschaut, als das Haus einstürzte, und er war von der einen Seite des Zimmers über die Uferböschung vor dem Haus auf die darunterliegende Straße geschleudert worden. Er flog durch zwei Fenster, und sein ganzer Körper steckte voller kleiner Glasscherben. Wir sollten jedoch noch viel tragischere Fälle sehen.

Wir stiegen auf den Hijiyama-Hügel und gingen in einen Luftschutzunterstand. Unterwegs besprengte Vater hin und wieder brennende Dächer und Büsche mit Wasser aus den Wasserbehältern, aber es hatte nicht viel Sinn. Wir sahen viele Leichen auf den Straßen. Mir war übel, und ich mochte nicht hinsehen. Als wir den Hügel hinaufstiegen, nahmen die Toten zu, von denen wir viele gekannt hatten. Tränen liefen mir ununterbrochen über die Wangen. Am Unterstand auf halber Höhe angekommen, ging Vater noch einmal nach unten und kehrte mit einem Eimer Wasser und einer Schöpfkelle zurück. Dabei sah er viele Sterbende, die um Wasser baten, und trotz der Einwände einiger Beamten gab er jedem eine Schöpfkelle voll. Er meinte, daß ein Sterbender soviel Wasser haben sollte, wie er will, weil er mit oder ohne Wasser sterben würde. Ich war völlig seiner Meinung.

Wenn wir nicht so in Not gewesen wären, hätte ich nie den Mut gehabt, den Unterstand zu betreten: Er war vollgepackt mit Verletzten und Leichen. Es war stockdunkel darin, und es roch widerlich nach Blut und verbranntem Fleisch. Amerikanische Flugzeuge kreisten noch immer über der Stadt, und wir hatten Angst, sie könnten noch eine Bombe abwerfen. Später erfuhr ich, daß die Flugzeuge die Auswirkungen der Atombombe beobachtet haben. Was mögen die Amerikaner gedacht haben, als sie all den Jammer unter sich sahen? Ich denke mir, daß selbst sie, unsere Feinde, ein paar Tränen nicht unterdrücken konnten.

Wir quetschten uns in die Mitte des Unterstandes, wo wir viele Bekannte sahen. Bald danach starb auf dem Boden neben uns eine Frau, die wir kannten. Es wurde erzählt, daß sie im Arbeitsdienst gewesen sei, als Anführerin ihrer Gruppe. Sie hatte sich furchtbare Verbrennungen zugezogen, als die Bombe fiel. Das Oberteil ihres Strohhutes war weggeflogen, und nur der Rand saß noch auf ihrem Kopf. Sie gehörte zur 16. Nachbarschaftsgruppe, wir zur 17.* Wenn also die Bombe am nächsten Tag abgeworfen worden wäre, hätten einige Mitglieder meiner Familie Dienst gehabt und wären wahrscheinlich umgekommen. Das ist es vielleicht, was man Schicksal nennt.

Später verließen wir den Unterstand und machten uns auf den Weg zum Haus meiner Tante jenseits des Hügels. Unterwegs sahen wir neben einer Hängebrücke Berge von Leichen. Einige Opfer lebten noch, wurden aber bald unter weiteren Leichen begraben, die man übereinander stapelte. Wenn wir so etwas sahen, versteckte ich mich jedesmal hinter Mutter. Als wir oben auf dem Hügel angelangt waren, kam ein mit Reiskugeln beladener LKW, aber niemand aß davon. Wir hasteten den Abhang hinunter. Mutter schien sich an Brust und Arm verletzt

---

* Die japanische Bevölkerung war schon vor Beginn des Pazifik-Krieges in Nachbarschafts-gruppen unterteilt worden, die – ähnlich dem deutschen Blockwart-System – einer ständigen Kontrolle und ideologischen Beeinflussung unterlagen sowie Arbeitseinsätze und derartig sinnlose Übungen leisten mußten, wie sie Yuriko Yamamura beschreibt, zum Beispiel »Wasser aus kleinen Eimern zu schütten«.

zu haben; ihre Kleider waren von Blut durchtränkt und klebten an ihrem Körper. Ihren rechten Arm konnte sie nicht bewegen, aber sie klagte nicht über Schmerzen oder sonst irgend etwas, sondern hielt sich dicht hinter uns. Vater hatte meinen Bruder auf dem Arm. Wir gingen in Richtung Ushita, das 2,5 Kilometer vom Explosionszentrum entfernt lag, und mußten wegen des Feuers einen großen Umweg machen.

Unterwegs fragte Vater einen Polizisten: »Werden wir in Ushita sicher sein?«

»Ich fürchte nein, ich glaube, es ist ziemlich zerstört«, sagte der Polizist und zeigte in die Richtung. Da sahen wir lodernde Flammen und schwarzen Rauch. Wir wußten nicht, wohin wir gehen sollten, so beschlossen wir, trotzdem nach Ushita zu gehen. Wir kamen an einer Bäckerei vorbei, wo Vater einmal gearbeitet hatte, und er bekam dort ein paar Kekse. Dann gingen wir alle in einen Luftschutzunterstand in der Nähe und aßen die Kekse. Wieder flog ein Flugzeug über uns hinweg. Ich schauderte. Wir kamen zum Exerzierplatz Ost, wo das Gras brannte. Es war sinnlos umzukehren, darum wickelte ich mich in eine Decke (ich hatte nämlich nichts an) und lief barfuß durch das Feuer. Ich fühlte, wie die Hitze mir die Füße versengte. Auch andere Leute liefen über den Platz, in alle möglichen Dinge gehüllt, während über uns Holzstücke, Teile von Blechdächern und andere Gegenstände durch die Luft flogen. Schließlich kamen wir nach Ushita, aber da war nichts als eine weite verbrannte und verwüstete Ebene, genau wie es der Polizist gesagt hatte. Der Boden war so heiß, daß ich mich heute frage, wie ich überhaupt darauf gehen konnte. Wir liefen verzweifelt weiter und kamen endlich zum Haus meiner Großmutter. Zum Glück war das Feuer nur bis auf etwa 100 Meter an ihr Haus herangekommen.

Wir hatten ein paar Dinge bei Großmutter ausgelagert, aber nicht so viel wie andere Leute. Die Familie uns gegenüber hatte alles außer einigen Hemden und etwas Kleidung an einen entfernten Ort geschickt.

Es war stockdunkel, als wir bei Großmutter ankamen. Das einzige Licht kam von den Feuersbrünsten hoch oben auf dem Berg im Osten. Großmutters Haus war sehr klein, da sie allein war, und es gab nicht genug Platz zum Schlafen für beinahe zehn Leute. Darum banden Vater und Herr Okamoto ein paar Bretter zusammen, um eine Art Haus aufzurichten. Als wir uns gerade hinlegen wollten zum Schlafen, tauchte ein sieben- oder achtjähriger Junge auf, der nach seinem Vater und seiner Mutter rief. Er tat uns leid, und wir nahmen ihn mit in unsere Hütte. Wir gaben ihm Reiskugeln, Zwieback und Schalotten. Er war so hungrig, daß er vier Reiskugeln aß. In dieser Nacht schlief er mit uns in der Hütte.

Am nächsten Tag, dem 7. August, verließ der Junge uns.

Wir halfen Vater, Bretter über den Bach vor Großmutters Haus zu legen und unsere Hütte auf die andere Seite zu schieben. Die Einheimischen gaben uns dabei gute Ratschläge und machten sich lustig über uns. Ich konnte es kaum ertragen und hätte sie um ein Haar angebrüllt. Aber Mutter sagte immer wieder zu mir: »Unser Haus ist niedergebrannt. Du mußt Geduld haben.« Und ich hielt den Mund, wenn ich auch sehr sauer war. Sorgen machte uns, daß wir weder Lebensmittel noch Kleider, noch Kochgeräte hatten. Aber oft versorgten uns freundliche Nachbarn mit diesen Dingen. Unser größtes Problem war das Haus. Vorher hatten wir in einem ziemlich großen Haus gewohnt, aber hier in Ushita mußten wir in einer kleinen Hütte leben, die weder fließendes Wasser noch einen Ofen hatte. Wir lebten fünf Jahre in dieser Hütte und hatten es sehr schwer. Ich war vorher nicht sehr kräftig, aber jetzt bin ich sehr gesund, weil wir, glaube ich, in dieser Zeit soviel durchmachen mußten. Wenn ich zurückblicke, frage ich mich, wie wir diese schweren Zeiten überleben konnten.

Ich bin gegen jeden Krieg. Ich hoffe, daß wir nie wieder in etwas so Schreckliches verwickelt werden.

# Vergessen – das ist unmöglich

Yuriko Yamamura war damals, als die Bombe explodierte, gerade neun Jahre alt. An ihrer Einstellung zum Krieg hat sich bis heute nichts geändert. Mit der gleichen Entschiedenheit wie 1951, als sie ihre Erlebnisse für Professor Osada niederschrieb, sagt sie heute: »Ich lehne den Krieg ab, absolut und ganz.« Äußerlich gesehen, hat sie keinerlei Merkmale davongetragen, obwohl sie sich nur 1,5 Kilometer vom Explosionszentrum entfernt aufhielt. Aber ihr Gesicht läßt während des Gesprächs nur zu deutlich erkennen, wie tief sich jene schrecklichen Erlebnisse von vor 37 Jahren in ihr Innerstes eingegraben haben. Alle Einzelheiten haben sich ihr unauslöschlich eingeprägt, sie lebt mit ihnen und leidet darunter, als wären es Geschehnisse von gestern. »Die seelischen Schäden sind oft noch schlimmer«, sagt sie mit leiser Stimme, und die Mundwinkel beginnen zu zucken. Mit ihren beiden Töchtern spricht sie manchmal über den 6. August 1945, nicht zu oft, damit die Ereignisse nicht noch dichter an sie selber herankommen. Aber vergessen? Das ist unmöglich, selbst wenn sie es wünschte, und manchmal, so fügt sie hinzu, wünscht sie es.

# Ein Forschungs-Reservoir
## oder: Was die Amerikaner für die Atombombenopfer getan haben

Nach der Kapitulation Japans im September 1945 machten sich sogleich die ersten amerikanischen Untersuchungskommissionen auf den Weg nach Hiroshima. Die Siegermacht USA wollte möglichst schnell die Auswirkungen der neuen Bombe in den beiden betroffenen Städten kennenlernen. Was die Fachleute dem Oberkommando zu berichten hatten, veranlaßte die amerikanischen Militärs unverzüglich zum Handeln. Über Hiroshima und Nagasaki wurde eine Nachrichtensperre verhängt. Nicht einmal Gedichte und Zeichnungen, die in den ersten Jahren nach der Explosion entstanden, passierten den amerikanischen Zensor, geschweige denn solche Erfahrungen, wie sie die »Kinder von Hiroshima« später aufgeschrieben haben. Erst als die USA und Japan 1951 den Friedensvertrag von San Francisco unterzeichnet hatten, wurde die Nachrichtensperre aufgehoben.

So makaber es klingt, aber die Leiden der Opfer, ihre Krankheiten und Schmerzen stellten für die amerikanische Atomwissenschaft ein unerschöpfliches Reservoir für Forschungen dar. Deswegen ist das, was sie für die Überlebenden getan haben, gewiß nicht ausschließlich von humanen Motiven bestimmt gewesen. Um die medizinische Untersuchung möglichst systematisch zu betreiben, richteten die Amerikaner 1949 in Hiroshima eine Kommission für Atombombenopfer ein (Atomic Bomb Casualty Commission/ABCC), ein Institut, das die wichtigsten Daten über die in Hiroshima in Verbindung mit der

*Ratlos, beinahe verloren, halten Mutter und Kind die Reiskugeln in der Hand, die sie soeben bekommen haben.*

Atombombe auftretenden Krankheiten gesammelt hat. Seit Anfang der fünfziger Jahre sind japanische Ärzte und Wissenschaftler ebenfalls daran beteiligt; die gewonnen Forschungsergebnisse werden zweisprachig veröffentlicht.

Die Tätigkeit des amerikanischen Instituts – so verdienstvoll sie im einzelnen sein mag – erweckte in Japan häufig Mißtrauen. Darauf weist die Journalistin Luise Crome in einem längeren Aufsatz hin, der am 16. August 1970 im *Deutschen Allgemeinen Sonntagsblatt* erschienen ist. Darin heißt es:

»Von Beginn an war und blieb die Kommission Zielscheibe japanischer Kritik, besonders von links. Das Hauptargument der Gegner ist der Hinweis auf die zweifellos makabre Geldquelle der Insitution: Die AEC (Atomic Energy Commission). Sie gibt neben den 3,8 Millionen jährlichen Dollar für die ABCC mehrere Milliarden für die Entwicklung, Planung und Konstruktion von neuen Atombomben aus.«

Die in Hiroshima und Nagasaki unmittelbar nach der Explosion tätigen japanischen Ärzte und Wissenschaftler wußten zunächst nicht, daß sie es mit den Folgen einer Atombombe zu tun hatten. Sie und später die amerikanischen Mediziner bekamen Krankheitsbilder zu sehen, die sie vorher noch nie gesehen hatten. Weil anfangs keine Laboruntersuchungen vorgenommen werden konnten und lebenswichtige medizinische Geräte fehlten, wurden die Symptome der Strahlenkrankheit erst allmählich erfaßt. Wie diese Symptome sich bei vielen Opfern auswirkten, schildert Dr. Otfried Messerschmidt in dem bereits erwähnten Buch *Auswirkungen atomarer Detonationen auf den Menschen* am Fall eines 25jährigen Mannes, der sich am 6. August 1945 etwa 1000 Meter vom Epizentrum, dem Mittelpunkt der Explosion, aufgehalten hatte:

»Am 14. Tag nach der Detonation trat Haarausfall auf, aber der Patient setzte seine Arbeiten fort. Am 21. Tag fühlte er sich fiebrig, und einen Tag später zeigten sich Petechien (punktförmige Hautblutungen). Am 25. Tag wurde er in das Ujina-Hospital aufgenommen mit Übelkeit, Kopfschmerzen und Zahnfleischschwellungen. Diese Schwellungen nahmen noch zu und waren am 29. Tage außerordentlich schmerzhaft. Eine Woche später blutete das Zahnfleisch, aber bald danach begannen die Schleimhäute wieder zu heilen. Vom 26. Tag an litt der Patient an zunehmenden Halsschmerzen, die am 32. Tag so stark waren, daß er keine Nahrung mehr schlucken konnte. Am nächsten Tag stellte sich eine krampfhafte Kiefernklemme ein, an den Mundwinkeln erschienen flache Geschwüre. Die Temperatur stieg am 27. Tag steil an, erreichte einen Tag später 40,3 Grad, um dann lytisch (allmählich) abfallend am 41. Tag auf normale Werte zurückzugehen. Die Temperatur blieb dann, bis auf eine Fieberzacke am 47. Tage, unter 37 Grad. Die Petechien begannen am 34. Tag wieder zu verschwinden, und der Patient konnte am 59. Tage entlassen werden.«

Die für die Mediziner neuen und ungewöhnlichen Krankheitsbilder wurden verursacht durch Neutronen- und Gammastrahlung, die bei der Atomexplosion freigesetzt wurden. Im Laufe der Zeit lernten die Ärzte ganz unterschiedliche Strahleneffekte kennen, solche mit relativ begrenzten Auswirkungen auf den menschlichen Organismus und jene, die lebensbedrohende Blutkrankheiten wie Leukämie sowie Schilddrüsenkrebs und andere bösartige Geschwülste auslösten.

Weitgehend unerforscht sind bis auf den heutigen Tag die möglichen Folgen der Bestrahlung für die menschliche Erbmasse. Wenn Chromosomen, die Träger von Erbinformationen, durch Bestrahlung beschädigt wurden, kann es noch in der zweiten und dritten Generation zu Mißbildungen kommen. Mit dieser Angst müssen die 367000 Atombombenopfer in Japan leben, diese Angst bestimmt ihr Leben. In dem Buch *Atomkrieg – Atomfrieden* von Hubertus Hoffmann heißt es zu den möglichen Veränderungen der Erbmasse:

»Die Gammastrahlen verändern die Gene in den Keimzellen, so daß sie falsche Informationen speichern und in der nachfolgenden Generation ernsthafte Erbschäden auftreten werden. Die Genetiker sind sich darüber einig, daß eine Verdoppelung der genetischen Effekte ernsthafte Folgen für die Bevölkerung eines Landes haben wird. Bereits eine addierte Strahlenzufuhr von 30 bis 80 Röntgen über die 30 Jahre einer Generation könnte diesen verheerenden Effekt hervorrufen. Hierzu ist nur eine vergleichsweise beschränkte Anzahl an Atomexplosionen in einem Nuklearkrieg nötig. Schon 750 Sprengungen von je 20 MT

(Megatonnen) reichen aus, um die gesamte Menschheit genetisch zu entstellen.«

Die psychische Belastung der überlebenden Atombombenopfer rührt nicht allein von der Angst her, vielleicht eines Tages wieder unter den Folgen der Bestrahlung zu erkranken oder mißgebildete Kinder zu haben; viele leiden nach wie vor unter dem schweren Schock, den die Explosion am 6. August 1945 ihnen zugefügt hat. Die Erforschung der Frühreaktionen und der Spätfolgen in diesem Bereich ist noch längst nicht abgeschlossen.

# Mein Bruder ist noch nicht zurückgekehrt

*Hisato Ito*
Schüler der 11. Klasse, damals 5. Klasse

Am Morgen des 5. August brachte uns ein junger Mann nach Hiroshima, der bei meinem Vater auf einem Insel-Leuchtturm bei Ogata im Kreis Saeki an der Inlandsee beschäftigt war. In Hiroshima wollten wir meinen Bruder besuchen, der dort zur Oberschule ging und den ich längere Zeit nicht gesehen hatte. Mein Vater hatte im Leuchtturm so viel zu tun, daß er keine Zeit hatte mitzukommen.

Mein Bruder verbrachte den Abend mit uns in einem Gasthaus in Teppo-cho, das liegt zwischen Schloß und Hauptbahnhof, wo wir bei solchen Anlässen gewöhnlich wohnten. Es war gegenüber der Stelle, wo heute das Toyo-Theater ist. Am Morgen des 6. stand meine Mutter in der Nähe des Eingangs. Sie unterhielt sich mit dem Besitzer und war gerade dabei, die Rechnung zu bezahlen, da sie nach Ogata zurück wollte. Bei ihr waren der junge Leuchtturmwärter und mein 14 Monate alter Bruder. Ich spielte auf einem Stuhl in der Nähe des Eingangs mit einer Katze. Plötzlich sah ich durch die Eingangstür ein unheimliches, bläulich-weißes Licht aufblitzen.

Als ich wieder zu Bewußtsein kam, war alles dunkel. Es gelang mir herauszufinden, daß ich an das andere Ende der Halle geschleudert worden war. Ich war unter den Trümmern des zweistöckigen Gebäudes eingeklemmt, und obwohl ich versuchte hinauszukriechen, konnte ich mich nicht bewegen. Die polierte dekorative Säule, auf die der Wirt so stolz gewesen war, lag jetzt vor mir. Als ich gerade müde die Augen schließen wollte und dachte, ich würde sterben, hörte ich meine Mutter nach mir rufen. Ich öffnete die Augen und sah, daß eine Seite des Gebäudes Feuer gefangen hatte und die Flammen näher kamen. Außer mir vor Angst rief ich nach meiner Mutter, denn jetzt wußte ich, daß ich bei lebendigem Leibe verbrennen würde, wenn ich nicht schnell rauskam. Mutter zerrte ein paar von den brennenden Brettern und Holzbalken weg und holte mich raus. Ich werde nie vergessen, wie froh ich in dem Augenblick war. Draußen war ich so froh, daß ich nicht wußte, was ich tun sollte, wie ein kleiner Vogel, der aus dem Käfig gelassen wird. Aber alles hatte sich so völlig verändert, daß ich mich verblüfft umsah. Soweit ich blicken konnte, waren fast alle Gebäude zerstört und standen in Flammen. Ich sah Menschen, deren Haut sich abpellte, so daß man das rote rohe Fleisch sah. Sie schrien mitleiderregend, und andere waren schon tot. Die Straße war so dicht bedeckt mit Toten, stöhnenden Schwerverletzten und eingestürzten Häusern, daß wir nicht durchkamen. Ich wußte nicht, was ich tun sollte, und dann sah ich, daß von Westen die Flammen näher kamen. Ich lief über die Dächer von zerstörten Häusern, die noch nicht brannten, und flüchtete dorthin, wo noch kein Feuer war.

Ich war jetzt auf der Uferböschung gegenüber von den ehemaligen Sentei-Gärten im Asano-Park, nördlich der Abwurfstelle, und dort merkte ich zum erstenmal, daß ich von meiner Mutter getrennt worden war. Am Kyobashi sprangen Leute mit Verbrennungen in den Fluß und schrien: »Diese Hitze! Diese Hitze!« Sie waren zu schwach zum Schwimmen und ertranken mit einem letzten jammervollen Hilferuf. Der Fluß war nicht mehr ein Fluß mit klarem, fließendem Wasser, sondern ein Strom von treibenden Leichen. Obwohl ich versucht habe, die Not derer zu beschreiben, die in den Tod sprangen, und die Zerstörung von Hiroshima, war die Wirklichkeit viel schlimmer, so daß ich sie hier nicht angemessen beschreiben kann. Ich bitte, mir diese Unfähigkeit nachzusehen. Nachdem ich diese Tragödie mit eigenen Augen gesehen habe, konnte ich nicht verstehen, warum Menschen einander bekämpfen und töten müssen wie hier. Nach und nach beruhigte ich mich und dachte, daß ich mich jetzt lieber schnell auf den Nachhauseweg machen sollte, aber rings um mich herum brannte es.

In diesem Augenblick kam ein Militär-LKW vorbei, und die Soldaten luden alle auf, die Verbrennungen erlitten hatten. Ich kletterte auch hinauf, und der LKW schlängelte sich durch die Flammen und schaffte es, an einen Ort zu gelangen, wo es nicht brannte und die Häuser noch standen. Es war die Erste-Hilfe-Station in Kaitaichi. Dann wurde es dunkel. Ich blickte auf Hiroshima, während ich die Kekse aß, die die Soldaten uns gaben: Der Himmel über Hiroshima war leuchtend rot. Ich konnte vor Sorge um meinen kleinen Bruder nicht schlafen; ich dachte, daß er vielleicht tot sei, da er im Zentrum von Hiroshima gewesen war. Und ich machte mir auch Sorgen um meinen großen Bruder und fragte mich, wo meine Mutter wohl sein mochte. Weil ich mir solche Sorgen machte, wollte ich früh am nächsten Morgen nach Hiroshima, aber die Straßen waren gesperrt, und ich mußte zurück nach Kaitaichi, wo ich eine weitere Nacht verbrachte.

Am Morgen des 8. schaffte ich es dann, nach Hiroshima zu kommen, und lief durch die Straßen. Viele Tote lagen dort, aber alle, die Verbrennungen erlitten hatten, waren weggebracht worden. Soldaten räumten die Trümmer der abgebrannten Häuser beiseite und schafften die Leichen fort, und ich blieb stehen, um zu sehen, was mit ihnen geschah. Man hatte ein großes Loch gegraben, in dem viele Leichen aufeinandergestapelt wurden. Man goß Petroleum über sie, und dann wurden sie verbrannt. In der Stadt liefen viele Leute herum und suchten ihre Familienangehörigen, Kinder und Verwandten. Sie schluchzten, während sie etwas Asche von dort einsammelten, wo die Toten verbrannt wurden. Als ich an die Stelle kam, wo das Gasthaus in Teppo-cho gestanden hatte, fand ich dort nur noch Asche und verbrannte Ziegel. Ich war sicher, daß mein Bruder hier gestorben war, aber ich suchte trotzdem weiter nach ihm. Ein Freund von uns, der in der Nähe des Gasthauses wohnte, räumte die Trümmer von seinem Grundstück, und ich fragte ihn: »Wissen Sie, was mit meinem Bruder geschehen ist?« Er wußte es nicht.

Bedrückt fuhr ich zur Insel zurück. Der Besitzer des Gasthauses hatte auf dem Grundstück zum Schutz gegen das Wetter eine Hütte gebaut. Mein Vater und meine Mutter, die ihn besuchten, halfen ihm bei der Suche nach alten Holzstücken und Wellblech. Hier wohnten sie auch, solange sie nach meinen Brüdern forschten. Einige Tage später war der Krieg zu Ende, und sie kehrten zur Insel zurück.

Meine Mutter und mich hatte diese Zeit sehr belastet, und als der Krieg zu Ende war und wir wenigstens noch ein Zuhause hatten, ließen wir uns mehr gehen, und dann wurden wir teilnahmslos, und unser Haar begann auszufallen, weil wir die Gase eingeatmet hatten, als die Atombombe fiel. Man sagte uns, daß Beifuß gut dagegen sei, und wir ließen uns damit behandeln. Um diese Zeit wurden die sterblichen Überreste meines jüngeren Bruders aus den Trümmern geborgen. Meine Mutter grämte sich so über seinen Tod, daß ihr Zustand kritisch wurde, aber dank der ständigen Aufmunterung durch meinen Vater erholten wir beide uns wieder und leben jetzt zufrieden in unserem Haus beim Leuchtturm. Wenn ich an die vielen Kinder denke, die durch die Atombombe Mütter und Väter verloren haben, habe ich das Gefühl, gut dran zu sein. Sechs Jahre sind vergangen seit dem Ende des Krieges, und Hiroshima hat einen gewaltigen Wiederaufbau erlebt, mit Hilfe von Menschen, die hier leben, aber auch aus ganz Japan und sogar aus der ganzen Welt.

Abschließend fordere ich, daß der Koreakrieg so schnell wie möglich beendet wird, ohne Einsatz einer weiteren Atombombe, so daß die Menschen auf der ganzen Welt wieder das lächelnde Gesicht des Friedens zeigen. Ich wünschte, man würde die Atomenergie für die Industrie nutzbar machen, anstatt sie für Bomben zu verwenden, denn ich weiß, daß mit ihrer friedlichen Nutzung industrieller Fortschritt erzielt werden kann.

Als letztes möchte ich noch hinzufügen, daß mein Bruder, der so voller Leben war, als wir uns am 6. August in dem Gasthaus voneinander verabschiedeten, noch nicht nach Hause zurückgekehrt ist. Und der junge Leuchtturmwärter erlitt alle Krankheiten, die man sich vorstellen kann, und starb Anfang September eines schrecklichen Todes.

Am 10. Dezember 1951 – kurz nach diesem Bericht – starb Hisato Ito an der Strahlenkrankheit.


# Ein Pferd am Straßenrand

*Susumu Kimura*
Schüler der 11. Klasse, damals 5. Klasse


Es muß etwa zehn vor acht gewesen sein, als der unheilvolle Ton der Sirenen durch die Luft hallte. Ich stellte das Radio an und hörte: »Feindliche Flugzeuge bewegen sich von der Straße von Bungo zwischen Shikoku und Kyushu in nördlicher Richtung...«

Mein Vater war schon auf dem Weg ins Büro, aber wir, meine Mutter, meine Schwester, die zu der Zeit die siebte Klasse des Hiroshima-Bezirksmädchengymnasiums besuchte, und ich nahmen eine *Tatami*-Matte und gingen in den Unterstand. Draußen liefen die Leute hin und her.

Meine Schwester sollte an dem Tag an einem Gebäude-Räumungsprojekt in der Nähe von Dobashi, 500 Meter westlich der Abwurfstelle, teilnehmen. Der Alarm dauerte etwa zehn Minuten, dann kam die Entwarnung. Es war die Entwarnung, die die meisten Menschen in Hiroshima tötete.

Meine Schwester verließ das Haus, um zur Arbeit zu gehen. Ich weiß noch jetzt, wie sie aussah. Sie hatte Tennisschuhe an und trug ihr eingepacktes Mittagessen und ihren Luftschutzhelm.

Nachdem meine Schwester gegangen war, machten meine Mutter und ich uns fertig, um zum Bahnhof zu gehen und Fahrkarten zu kaufen, da meine Schwester und ich einen Besuch auf dem Land machen wollten. Ich war in der Küche, meine Mutter stand im Nebenzimmer vor dem Spiegel. In diesem Augenblick wurde die Atombombe, die 300 000 Todesopfer forderte, über Hiroshima zur Explosion gebracht.

Ein grelles Licht blitzte durch das Fenster und traf meine

Augen. Es leuchtete erst rot, dann gelb, wie Feuerwerk. Für einen Moment wurde alles schwarz, ich konnte keinen Meter weit sehen. »Mutter!« rief ich und rannte hinüber. Wir verbrachten diesen schrecklichen Augenblick, indem wir einander hielten. Es war ein sehr langer Augenblick, er kam mir vor wie zehn Jahre. Vielleicht zwei oder drei Minuten später konnte ich wieder sehen. Das Haus war zerstört, die Mauern eingestürzt, Türen zersplittert. Meine Mutter sah sich schweigend um und sagte dann: »Hier ist es zu gefährlich. Wir müssen raus.«

Wir krochen aus dem Haus. Draußen war eine Welt, wie ich sie noch nie gesehen oder davon gehört hatte. Ich sah rohes Fleisch, Menschen, die nicht mehr wie menschliche Wesen aussahen. Meine Mutter legte mir ihre Hände über die Augen und sagte: »Sieh nicht hin.« Aber ich schob ihre Hände weg und sah mich furchtsam um. Auf der Straße lagen viele tote Menschen, andere hatten lebensgefährliche Verletzungen. Ich dachte plötzlich an mich selbst und stellte fest, daß ich ohne einen einzigen Kratzer davongekommen war. Mutter war auch nicht verletzt. Ich stand eine Weile ratlos am Tor. Eine Frau, die heftig blutete, lief vorbei und rief den Namen ihres Kindes. Ihre Stimme erinnerte mich an meine Schwester.

Meine Mutter half einer Nachbarin, und überall hörte man Hilferufe. Ich schämte mich, daß ich unverletzt davongekommen war. Viele Menschen liefen vorbei, auf der Flucht nach Ujina, einem Militärstützpunkt südlich von Hiroshima. Am Himmel stieg dichter, schwarzer Rauch auf, und die Flammen kamen näher. Jemand rief meinen Namen, und ich lief hinter das Haus und sah, daß es mein Vater war, der vom Büro zurückgekommen war. Er erzählte mir, daß die Druckwelle ihn fünf oder sechs Meter weit geschleudert habe. Drei von uns waren nun in Sicherheit und zusammen, aber was war mit meiner Schwester geschehen? Wir machten uns auch auf den Weg nach Ujina. Wir nahmen die Reste vom Frühstück mit und hinterließen am Tor unseres Grundstücks eine Nachricht: »Keiko, wir gehen nach Ujina.«

Es wurde Nacht, und wir beschlossen, auf einem Feld zu schlafen. An immer neuen Stellen brach Feuer aus. Die Nacht schleppte sich dahin. Ich wachte mehrere Male auf. Endlich wurde es Morgen. Mein Vater ging in die Stadt, um meine Schwester zu suchen, während meine Mutter und ich uns auf den Weg zu unseren Verwandten machten. Ihr Haus war auch zerstört, aber nachdem wir einen halben Tag lang gearbeitet hatten, war es wenigstens so weit wieder hergerichtet, daß wir dort schlafen konnten. Ich war von den Ereignissen des vorangegangenen Tages so erschöpft, daß ich mich hinlegte und erst abends wieder aufwachte. Ich sah mich um und hoffte, meine Schwester zu sehen, aber sie war nicht da. Mein Vater war zurückgekehrt. Er sagte uns, daß er wegen des Feuers nicht in das Gebiet von Dobashi hatte gelangen können. Eine weitere schlaflose Nacht folgte. Ich döste manchmal ein, aber dann gab es wieder Voralarm. Die Flammen färbten den Himmel blutrot, wie das Glühen eines Sonnenuntergangs.

Am nächsten Tag gingen mein Vater und meine Mutter beide fort, um meine Schwester zu suchen, fanden sie jedoch nicht. Am Nachmittag begleitete ich meinen Vater und sah, daß die verschlungenen und zerrissenen Straßenbahnleitungen die Stadt ziemlich gefährlich machten. Wir gingen an der Flußböschung entlang und sahen Schuljungen und -mädchen im Alter meiner Schwester in Gruppen zusammenliegen, viele schon im Sterben. Sie baten jeden, der vorbeikam, um Wasser. Mein Vater sagte zu ihnen: »Euer Vater oder eure Mutter wird euch sicher bald finden, seid nur tapfer und gebt nicht auf.«

Sie antworteten nicht, aber ihre geschwollenen und verbrannten Gesichter lächelten uns mühsam an. Wir konnten nichts für sie tun. Sie waren sicher auf der Suche nach einem kühlen Ort hierhergekommen. Ihre Kleider waren verbrannt, sie hatten nichts an. Ihre Haut war von den Verbrennungen schmierig und wimmelte schon von Maden. Ging es meiner Schwester auch so? Wir folgten der Straße in Richtung Dobashi. Wir sahen am Straßenrand ein Pferd, das in den Flammen verbrannt war. Wir fragten einen Mann, der suchend durch die Reihen der Leichen ging: »Wissen Sie etwas über die Schülerinnen des Bezirksgymnasiums?«

Er sagte, daß er einige in Koi, 2,5 Kilometer westlich der Abwurfstelle, gesehen habe. Wir fuhren mit unsern Fahrrädern los, so schnell wir konnten. Aber weil wir es so eilig hatten, nach

Koi zu kommen, erschien es uns, als ob wir gehen würden! Oben auf dem Hügel bei Koi sahen wir ein paar Mädchen aus der Schule meiner Schwester, aber sie selbst war nicht dabei.

Auch den nächsten Tag verbrachten wir so mit der Suche nach meiner Schwester. Die Schüler auf der Flußböschung vom Tag vorher konnten jetzt nicht mehr sprechen und sahen uns sehnsüchtig an. Viele, die gestern noch gelebt hatten, waren tot. Als wir weitergehen wollten, sagte eine leise Stimme: »Lebt wohl.«

Es war schwer für uns, sie allein zu lassen. Als wir am nächsten Tag wieder hinkamen, waren alle Schüler gestorben.

Obwohl wir fünf Tage lang jeden Tag nach meiner Schwester gesucht hatten, konnten wir sie nicht finden. Ich dachte jedesmal, wenn ich Schritte vor der Tür hörte, sie sei zurückgekehrt. Wir ließen die Tür immer offen, damit sie hereinkommen konnte, aber es war sinnlos. Ich mußte wieder aufs Land, wohin ich vorher evakuiert worden war.

Die Tage vergingen, und am 15. August kapitulierte Japan. Krieg. Krieg. Jedesmal, wenn ich dieses Wort sehe, erinnere ich mich an die Worte meiner Schwester. Sie standen in einem Brief, den sie mir geschrieben hatte, als ich aus der Stadt evakuiert worden war.

»Lieber Susumu,

Du mußt Dich dort sehr einsam fühlen, so ganz allein. Wir fühlen uns auch einsam ohne Dich. Aber wenn der Krieg zu Ende ist, werden wir wieder alle zusammenleben . . .«

Ich kehrte nach Hiroshima zurück, aber meine Schwester war nicht mehr da, die mich immer mit den Worten »Bist du es, Susumu?« begrüßt hatte, wenn ich das Haus betrat.

# Ein Seufzer kam aus der Wunde

*Eiko Matsunaga*
Schülerin der 11. Klasse, damals 5. Klasse

Ich war beim Frühstücken und saß Mutter gegenüber. Ich aß gerade Reis und hielt die Reisschale in der linken, meine Eßstäbchen in der rechten Hand, als ich ein grelles Licht direkt vor mir sah und ein unbeschreibliches orangefarbenes Licht ins Zimmer drang. Ich stopfte mir den Reis in den Mund, ohne nachzudenken, stellte Reisschale und Eßstäbchen ab und lief vier oder fünf Schritte. Was danach geschah, weiß ich nicht, weil ich bewußtlos wurde. Es muß zehn oder fünfzehn Minuten später gewesen sein, als ich wieder zu mir kam. Ich öffnete die Augen, aber ich konnte nichts sehen, weil das Zimmer voll von weißem Rauch war. Ich war hingefallen und versuchte aufzustehen und fiel wieder hin. Dann wurde mein Kopf klarer. Als ich auf meine Füße hinunterblickte, stellte ich fest, daß der rechte Fuß bis zum Knöchel feststeckte. Ich war so erschrocken, daß ich gar keine Kraft mehr hatte. Mir kam nicht einmal der Gedanke, daß ich versuchen könnte, die Bretter mit meinen Händen wegzureißen. Ich stemmte mich mit dem linken Fuß kräftig ab und versuchte mit aller Gewalt, den rechten herauszuziehen. Plötzlich war mein Fuß frei. Wo war ich? Was war mit mir geschehen? Der ganze Raum war voll von weißem Rauch. Was um alles auf der Welt war geschehen?

Eine Brandbombe! Das kam mir plötzlich in den Sinn. Ich befand mich genau zwischen dem Eßzimmer und dem Wohnzimmer. Im Wohnzimmer stand ein Bücherschrank, etwa viereinhalb Meter hoch, 75 Zentimeter tief und vier Meter lang, und ich stand neben diesem Bücherschrank.

Als ich mich noch einmal umsah, kam es mir so vor, als würde der weiße Rauch allmählich dünner. Zwei, drei, fünf, sieben Minuten vergingen, und die Hochsommersonne schien mir direkt in die Augen. Mir wurde schwindlig, und ich verlor wieder das Bewußtsein. Nach einiger Zeit stand ich benommen auf und hörte meinen Bruder nach mir rufen: »Eiko-chan! Eiko-chan!«

In dem Augenblick hatte ich das Gefühl, ich hörte meinen Namen zum erstenmal in meinem Leben.

»Ja«, antwortete ich.

»Beweg dich nicht von der Stelle«, sagte er.

Ich schaute über meine Schulter und sah, daß unser Haus eine flachgedrückte Ruine war, und von hinten drohten Wellen von wirbelnden Flammen, die sich jeden Moment auf uns stürzen konnten. Zwei oder drei Minuten später hörte ich plötzlich die Stimme meiner Schwester rufen: »Kann mir jemand helfen, kann bitte jemand kommen und mir helfen!« Ich erschrak und sah mich nach ihr um, aber ich konnte sie nirgends entdecken. Dann sagte mein Bruder: »Warte einen Moment, ich hole dich raus!« und beugte sich hinunter. Sein Gesicht war rot von Blut, das hinuntertropfte. Es lief ihm in die Augen und machte ihn blind, und er konnte nichts sehen, als er versuchte, die Bretter über meiner Schwester wegzuziehen, und er mußte es immer wieder mit der rechten Hand wegwischen.

Mein Vater! Ich konnte doch nicht einfach dort stehenbleiben. Aber ich wußte nicht, wo mein Vater war. Ich hatte Angst und zitterte. Mein Bruder hatte es endlich geschafft, meine Schwester herauszuzerren. Es war meine eigene Schwester, aber ihr Anblick war entsetzlich. Ihr dunkles Haar, das bis auf die Schultern reichte, war jetzt schneeweiß. Neben ihrem Mund war eine halbmondförmige, klaffende Wunde, durch die man das Zahnfleisch sehen konnte und aus der die leuchtend rotes Blut rann. Jedesmal, wenn sie tief Luft holte und ausatmete, hörte ich einen Seufzer aus der Wunde kommen. Als sie sagte, sie hätte gern einen Schluck Wasser, sah ich durch die Wunde ihre weißen Zähne schimmern. Sie hatte sich in der Glasveranda aufgehalten, und fünfzig, sechzig oder wahrscheinlich über hundert Glasscherben steckten überall in ihrem Körper, und aus den Schnittwunden strömte Blut. Auf dem einen Knöchel war kein Fleisch mehr. Als ich diese Gestalt sah, in die meine Schwester verwandelt worden war, konnte ich mir einen Moment lang nicht einmal vorstellen, daß sie es wirklich war. Ich hatte sogar Angst, ihr nahe zu kommen.

Mein Vater stöhnte laut. »Schnell, holt mich raus!« schrie

er. Mein Bruder ging auf die Stimme zu und fragte: »Wo bist du, Vater?«

»Du stehst auf mir! Oh, die Schmerzen!«

Mein Bruder sprang erschrocken zurück. Wir konnten Vater von oben nicht sehen. Die Stuckmauer hatte ihn völlig unter sich begraben, und sein Kopf war in der Ecke der Türschwelle eingeklemmt. Die Gewalt der Druckwelle hatte seinen Kopf so fest eingeklemmt, daß es schwierig war, ihn überhaupt zu bewegen. Als mein Bruder mit aller Kraft zog, schrie mein Vater auf vor Schmerzen.

Während all dies geschah, hörte ich meine Mutter nach mir rufen: »Eiko-chan! Eiko-chan! Hilfe! Hilfe!«

Bis heute weiß ich nicht, was ich die ganze Zeit eigentlich gemacht habe. Ich rannte dorthin, von wo ich die Stimme meiner Mutter gehört hatte, aber sie war nirgends zu sehen. Ihre Stimme schien vor Schmerz, Schreck und Entsetzen zu zittern.

»Mutter, wo bist du?«

Ich näherte mich ihrer Stimme. Unter dem eingestürzten Dach klopfte Mutter gegen etwas, das sich wie Blech anhörte. Aber ihre Stimme wurde allmählich immer schwächer. Ich hatte überhaupt keine Kraft – wie sollte ich die schweren Wände heben, die Träger, das Glas? Unter Tränen rief ich, ohne nachzudenken: »Mama, ich kann dich nicht rausholen. Da ist das schwere Dach und die Balken und das Obergeschoß . . .«

Mutters Stimme erstarb. Ich dachte nicht einmal, daß ich besonders traurig war oder auch nur, daß ich sie rausholen wollte. Ich stand nur wie betäubt da und blickte durch das Dach nach unten. Ich hörte auch das Klopfen nicht mehr.

»Eiko-chan!« rief mein Bruder.

Er hatte eine tiefe, etwa zehn Zentimeter lange Schnittwunde im Bauch, als ob er gerade am Blinddarm operiert worden wäre. Bei der kleinsten Anstrengung, die er machte, strömte Blut aus der Wunde. Mit den sichtbaren Eingeweiden und dem hervorquellenden, leuchtend roten Blut sah er gar nicht mehr wie mein Bruder aus. Meine Schwester sagte, ihr sei schlecht, und ließ sich hinfallen. In dem Augenblick kam mein Vater unter den Trümmern hervorgekrochen. Während er uns erklärte, wie man Mutter herausholen könne, drängte mein Bruder zur Flucht.

»Schnell, raus hier«, sagte er, »oder wir werden alle bei lebendigem Leib verbrennen. Beeilt euch!«

Als ich mich umsah, sah ich, daß die Flammenwellen höher geworden waren und drohend auf uns zukamen. Wir versuchten, nach links zu fliehen, aber die Flammen prasselten immer höher und machten ein schreckliches Geräusch, wie explodierendes Schießpulver. Rasch wandten wir uns zur rechten Seite, aber auch dort schien das Feuer uns verschlingen zu wollen. Die Flammen sahen seltsam aus, wie sie kerzengerade nach oben ragten. Allmählich kamen sie immer näher und ließen uns immer weniger Platz. Wir vier duckten uns vor den Flammen weg. Wir dachten, daß wir jetzt bei lebendigem Leib verbrennen würden.

Abgebrochen

# Warten auf einen Platz
# im Krankenhaus
# oder: Was Japan für die
# Atombombenopfer getan hat

Elf Jahre hat es gedauert, bis Japan ein Spezialkrankenhaus für die Atombombenopfer in Hiroshima einrichtete. Mit Hilfe einer landesweiten Spendenaktion und Geldern der Regierung in Tokyo konnte das bestehende Rot-Kreuz-Krankenhaus 1956 in ein Hospital für die Überlebenden des nuklearen Holocaust umgewandelt werden. Viele tausend Patienten erhielten seitdem von Spezialisten für Strahlenkrankheiten und anderen Fachärzten eine medizinische Behandlung. Noch mehr warteten allerdings vergeblich auf einen Platz im Atombomben-Krankenhaus; die einen, weil das Hospital ausgelastet war, die anderen, weil sie die Kosten für die Behandlung nicht aufbringen konnten.

Voraussetzung für die Aufnahme ist ein von der japanischen Regierung beziehungsweise der Präfektur Hiroshima ausgestellter Ausweis zur Anerkennung als Atombombenopfer. Diesen allerdings erhält nicht jeder Betroffene, selbst wenn seine Symptome schon äußerlich eindeutig auf die Atomexplosion zurückzuführen sind. So wird zum Beispiel noch Tausenden von koreanischen Atombombenopfern die Bescheinigung unter fadenscheinigen Gründen vorenthalten. Das Papier befreit den Patienten weitgehend von den Behandlungskosten, auch seine Krankenkasse wird nur bedingt in Anspruch genommen.

Gegenwärtig (Frühjahr 1982) sind insgesamt 150 Atombombenkranke in dem Hospital untergebracht; 120 erhalten darüber hinaus ambulante Behandlung. Das Durchschnittsalter der Dauerpatienten liegt bei 71 Jahren. Der jüngste ist gerade 36 Jahre alt, er wurde im Mutterleib bestrahlt. In den fünfziger Jahren behandelten die Ärzte überwiegend typische Folgen des Atomangriffs, etwa Hautverbrennungen, innere Verletzungen und vor allem Blutkrankheiten wie Leukämie als Folge der Bestrahlung. Zu den Spätfolgen, die sich erst dreieinhalb Jahrzehnte nach dem Abwurf der Atombombe einstellen, gehören alle Arten von Krankheiten, vor allem Krebs.

Das Atombomben-Krankenhaus in Hiroshima vermittelt auf den ersten Blick nicht den Eindruck japanischer Effizienz und Geschäftigkeit, auch strahlt es nicht jene maschinelle Kälte aus, die vielen Krankenhäusern in der Bundesrepublik eigen ist. Das Gebäude gehört zu den ganz wenigen Häuseranlagen, welche die Atomexplosion überstanden haben. In einem Treppenhaus ist noch die ganze Wucht der Detonation zu sehen. Eine Scheibe wurde von dem Luftdruck auf die gegenüberliegende Wand geschleudert und drang mit Tausenden von Splittern in das Mauerwerk ein. Zurück blieb eine schwarz-grau gepunktete Wandgrafik, die zur Erinnerung an das schreckliche Ereignis nicht übermalt wurde.

Dr. Kiyoshi Kuramoto, der stellvertretende Direktor des Hospitals für die Atombombenopfer, läßt im Gespräch durchblicken, welchen Kampf es im Laufe der Jahre gekostet hat, die erforderlichen medizinischen Geräte anzuschaffen. Unterstützung aus den Vereinigten Staaten habe es nicht gegeben, sagt er. Erst seit einigen Monaten stehen die seit langem angeforderten Anlagen für moderne Untersuchungsmethoden und Labortests zur Verfügung. Hiroshima ist die Heimatstadt von Dr. Kuramoto. Der heute 60jährige gehörte von Anfang an zum medizinischen Personal des Atombomben-Krankenhauses. Zum Zeitpunkt der Explosion hielt er sich in Kyushu auf, der südlichen Insel Japans. Als nach Hiroshima auch Nagasaki heimgesucht worden war, arbeitete Dr. Kuramoto zunächst in dieser Stadt mit, um den vielen Verletzten und Sterbenden zu helfen. »Sie können sich nicht vorstellen, wie es damals in Nagasaki aussah«, sagt er im Gespräch. »Tag und Nacht haben wir gearbeitet, und doch konnten wir nur wenig ausrichten, weil es an allem fehlte.«

Niemand habe zunächst gewußt, welche Art von Bombe die Stadt zerstört habe, berichtet Dr. Kuramoto weiter. Erst als die Ärzte Röntgenaufnahmen anfertigen und dann feststellten, daß die Bildplatten bereits bestrahlt waren, ahnten sie die Ursache. Im Jahre 1949 wechselte Dr. Kuramoto nach Hiroshima, wo am

*Das Rot-Kreuz-Hospital gehörte zu den wenigen Gebäuden, die den Atomschlag halbwegs überstanden.*

6. August 1945 eine seiner Schwestern ums Leben gekommen war. Seit dieser Zeit ist er als Arzt für diejenigen tätig, die durch die Bombe krank wurden. Über mögliche Schäden an den menschlichen Erbanlagen mag er sich nicht äußern; um sie zu erforschen, sei noch viel Zeit erforderlich, sagt er. Dr. Kuramoto bestätigt, daß die Atombombenopfer in wachsendem Maße psychische und psychologische Probleme haben. Im Krankenhaus für die Atombombenopfer ist dafür ein einziger Sozialhelfer zuständig. Insgesamt arbeiten dort elf Ärzte und 72 Krankenschwestern. In Japan leben etwa 367 000 anerkannte Atombombenopfer.

Einer der Patienten in dem Spezialkrankenhaus in Hiroshima ist Moriso Ogawa, ein 55jähriger Mann, der schon seit 15 Jahren in dem Hospital liegt. In seinem Zimmer, das er mit zwei anderen Männern teilt, erlauben die Ärzte mir, eine halbe Stunde mit ihm zu sprechen; mehr möchten sie ihm wegen seiner Herzschwäche nicht zumuten. Ogawa hat Blumen, Bücher und Tonkassetten um sich herum gruppiert, alles in greifbarer Nähe, denn aufzustehen vermag er nicht. In seinem Rücken stecken lange Glassplitter, die operativ entfernt werden könnten, wenn sein Herz dies verkraften würde. Aber der Kreislauf ist so schwach, daß die Ärzte den Eingriff nicht riskieren können. Ogawa weiß, daß er den Rest seines Lebens auf dem Krankenbett verbringen wird. Mit ruhiger Stimme klärt er mich über seine Lage auf. Fast mit einem Anflug von schwarzem Humor sagt er: »Wenn ich das Krankenhaus verlasse, habe ich es mit buddhistischen Priestern zu tun, die sich um meine Beerdigung kümmern. Ich weiß nicht, wann ich sterben werde. Es kann heute sein, es kann aber auch in einigen Jahren sein.«

Diese Erkenntnis treibt ihn nicht in die Verzweiflung; vielmehr versucht er, jedem Tag, der ihm noch bleibt, einen Sinn zu geben. Über eine kleine Organisation, die sich *Friendship Center* nennt, verschickt er Briefe an Jugendliche und Schüler in Japan und im Ausland, auch in der Bundesrepublik – Briefe, in denen er seine Erfahrungen mit der Atombombe schildert. Wie er am 6. August 1945 von einer Sekunde zur anderen in eine Hölle von Leid und Zerstörung geriet, wie er zehn Jahre lang ein fast normales Leben führte und sich eine Existenz aufbaute, bis sich bei ihm die gefährlichen Symptome der Strahlenkrankheit zeigten: blutender Hautausschlag sowie Gelenkschmerzen, die ständig schlimmer wurden und ihn ans Bett fesselten.

Die Lehren, die Moriso Ogawa aus seinem eigenen Schicksal gezogen hat, sind einfach und überzeugend zugleich: Hiroshima dürfe sich niemals wiederholen, sagt er. Deswegen müßten die Supermächte USA und Sowjetunion ihre nuklearen Arsenale auflösen. Japan als das einzige Land, das das Grauen der Atombombe erfahren habe, solle in Sachen Abrüstung die Rolle als Mittler übernehmen. Allerdings möchte sich Ogawa nicht vor den Karren einer einzigen Partei spannen lassen; dafür sei der Friede eine zu wichtige Angelegenheit. Seine Wahrung sei Aufgabe aller. Solche und ähnliche Gedanken richtet er mit Hilfe von *Friendship Center*, das seine Briefe übersetzt, an seine Briefpartner. Außerdem empfängt er in jüngster Zeit öfter Studenten, zum Beispiel von der amerikanischen Harvard-

Universität, die über die Atombombe schreiben wollen und ihm dazu Fragen stellen. Solche Besuche und gelegentliche Antworten auf seine eigenen Texte geben Moriso Ogawa Mut zum Weiterleben.

## Die einzige in meiner Klasse, die überlebte

*Setsuko Sakamoto*
Studentin, Hiroshima Mädchen-College

Der Hijiyama-Hügel ist noch immer ziemlich kahl, aber hier und da sieht man ein Stückchen Gras, was die Kraft der Natur beweist. Ich bin immer kränklich gewesen seit dem Tag, an dem die Atombombe abgeworfen wurde, und jedesmal, wenn ich die sandfarbenen Quonset-Gebäude auf dem Hügel sehe, kommen mir wieder die fürchterlichen Bilder vom Tag des Bombenabwurfs in den Sinn, und mir läuft es kalt über den Rücken. Ich bin die einzige in meiner Klasse, die überlebt hat.

Ich denke an den 6. August 1945. Es war der Tag, an dem wir nach Zakoba-cho, einen Kilometer südöstlich von der Abwurfstelle, geschickt wurden, um ein evakuiertes Gebiet zu räumen. Es war schrecklich heiß, und alle schwitzten, aber wir gingen voll Eifer an die Arbeit und sangen beim Dachziegelschleppen, um im Rhythmus zu bleiben. Gegen acht Uhr hörten wir das typische Dröhnen einer B-29 in der Ferne.

Unser Lehrer rief: »B-29! B-29!«

Wir blickten zum Himmel, und plötzlich gab es einen gewaltigen Blitzstrahl. Einen Moment lang waren wir geblendet und betäubt. Als ich wieder zu mir kam, war alles dunkel. Rote Flammen loderten zum Himmel und wurden immer größer. Die Gesichter meiner Freundinnen, mit denen zusammen ich vor Minuten noch so fleißig gearbeitet hatte, waren verbrannt und voller Blasen, und ihre Kleider hingen in Fetzen herunter. Sie wanderten umher, zitternd, wie verängstigte Küken. Unser

Lehrer versammelte uns um sich wie ein besorgte Henne. Einige meiner Mitschülerinnen versuchten, ihre Gesichter unter seinen Armen zu verbergen. Das Haar unseres Lehrers war auf einmal weiß, und er schien viel größer geworden zu sein. Ich schrie ihn immer wieder an: »Ich bin's, Sakamoto!«

Nach dem dritten Mal erkannte er mich und nickte. Obwohl ich schon lange in Hiroshima lebte, kannte ich mich in der Innenstadt nicht aus. Ich wollte deshalb bei meinem Lehrer bleiben, was auch geschehen mochte. Aber innerhalb von zehn Minuten befand ich mich allein unter Fremden. Ich war ganz benommen, als ich meine Freundinnen rufen hörte, und ich ging zu ihnen. Einigen liefen Tränen über ihre verbrannten Gesichter, andere riefen nach ihren Eltern. Wir faßten uns an den verbrannten Händen und machten uns auf die Suche nach unserem Lehrer.

Und dann sprangen wir plötzlich über Grabsteine, um dem Feuer zu entfliehen. Die Kiefern um uns herum gingen prasselnd in Flammen auf, und es sah aus, als säßen wir in der Falle. Wir wußten nicht, wohin wir uns wenden sollten. Wir folgten einfach den anderen Menschen, die sich einen Weg fort aus den Flammen suchten. Kinder schrien nach ihren Müttern, und Mütter versuchten, ihre Kinder zu finden. Leute mit Verbrennungen sprangen in die Wasserbehälter, um der Hitze zu entgehen. Wir hatten alle die Farbe von Blut angenommen. Ich war mit einem anderen Mädchen zusammen. Wir waren mit der Menge mitgelaufen, aber aus irgendeinem Grund wandten wir uns in die entgegengesetzte Richtung. Wir liefen an der Uferböschung entlang, bis wir an eine kleine Steinbrücke kamen. Es war die Fujimi-Brücke. Alle Läden und Bäume, die bis zu diesem Morgen beide Seiten der Straße zur Brücke gesäumt hatten, waren bis auf den Boden abgebrannt. Leitungsmasten waren umgestürzt, und die elektrischen Drähte lagen auf dem Boden. Neben den Leitungen lag ein Baby, die kleinen hübschen Hände zu Fäusten geballt, die Augen geschlossen. »Hölle auf Erden« ist der einzige Ausdruck, das alles zu beschreiben. Meine Freundin wurde verrückt vor Schmerzen von den Verbrennungen und vor Durst. Als wir die Hijiyama-Brücke erreicht hatten, nahm ich sie auf meinen Rücken, und wir machten uns auf die Suche nach der

nächsten Erste-Hilfe-Station. Es war gerade Mittag, als wir den Fuß des Hijiyama erreichten. Viele Menschen lagen dort im Schatten der Bäume. Sie waren so schlimm verletzt, daß ich nicht hinsehen konnte.

Während wir noch dort standen und nicht wußten, was wir tun sollten, hörten wir Rufe: »Feindliches Flugzeug kommt näher! Sucht Deckung in den Hügeln!« Wir krabbelten voll Verzweiflung einen steilen Damm hinauf und versteckten uns im Bambus. Mir war plötzlich übel, und ich erbrach eine Menge dickes gelbes Zeug. Dann schlief ich allmählich ein.

Eine Stimme fragte: »Kranke oder Verletzte hier?«, und ich erwachte. Ich stellte fest, daß wir beide in einen Luftschutzunterstand beim Materialdepot getragen worden waren und daß man sich um uns kümmerte. Als ich von diesem Platz auf dem Hügel hinausblickte und all die zerstörten Häuser sah, mußte ich an unser leeres Haus denken. Wenig später trafen wir zufällig eine Nachbarin meiner Freundin, die veranlaßte, daß meine Freundin auf einer Tragbahre davongetragen wurde. Wir verabschiedeten uns. Es wurde dunkel, als ich zu unserem Haus kam. Es war so beschädigt, daß man nicht mehr darin wohnen konnte.

Unsere beiden Lehrer, die uns trotz ihrer eigenen schweren Verletzungen so selbstlos geholfen hatten, starben durch die Atombombe, und meine vierzig Mitschülerinnen starben eine nach der anderen. Wer außer Gott hatte ahnen können, daß jener Morgen unser letzter gemeinsamer Morgen sein würde. Am 29. August besuchte ich die Familie der Freundin, mit der ich geflüchtet war, und unterhielt mich unter Tränen zwei Stunden lang mit den Hinterbliebenen. Ich war damals selbst in einem jämmerlichen Zustand. Obwohl ich endlich wieder zur Schule gehen konnte, gab es ringsumher Dinge, die mich immer wieder an meine toten Lehrer und Freundinnen erinnerten. Ich meinte, das Herz müsse mir brechen, wenn ich an sie dachte.

An jedem 6. August gehe ich zum Evakuierungsgebiet in Zakoba-cho, und am buddhistischen Allerseelentag besuche ich die Familien von vier oder fünf früheren Mitschülerinnen. Das

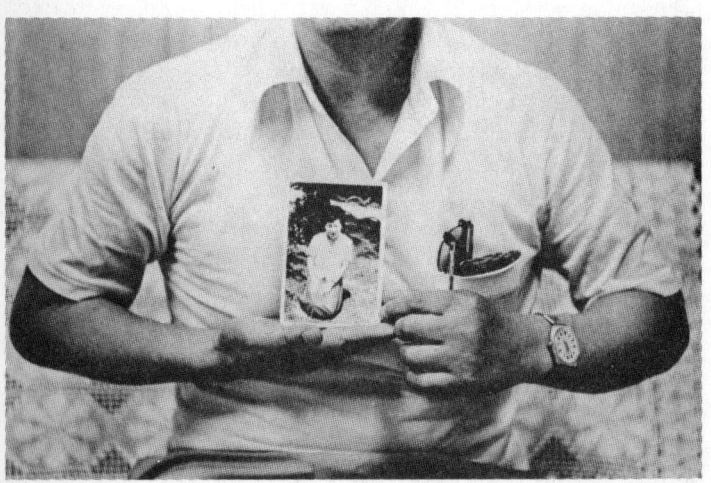

*Ein Foto als Erinnerung: Setsuko Sakamoto starb 1969 im Alter von 39 Jahren.*

ist jedesmal sehr schmerzlich für mich. Seit dem Abwurf der Atombombe reagiere ich sehr empfindlich auf Wetteränderungen und leide, wenn es sehr heiß oder sehr kalt ist. Oft bin ich krank, und manchmal wünsche ich mir, ich wäre mit all den anderen zusammen gestorben. Meine Mutter weint, wenn ich in dieser Verfassung bin. Ich kriege Spritzen, die mich von meinen Ängsten befreien sollen. Manchmal mache ich mir Mut mit dem Gedanken, daß die Seelen der über vierzig Freundinnen, die starben, mich beschützen. Wenn es mir besser geht, schäme ich mich, daß ich nicht mehr geschafft habe in diesem Leben, das ich fortführen durfte. Mehr als alles andere ist mir klar, daß ich entschlossen sein und hart arbeiten muß, um meiner vierzig Mitschülerinnen würdig zu sein.

# Atombombenopfer zweiter Klasse oder: Um die Koreaner kümmerte sich niemand

Koreaner werden in den Berichten der »Kinder von Hiroshima« nur selten erwähnt. Das ist verständlich; jeder hatte genug mit sich selber zu tun, suchte zuerst nach den eigenen Angehörigen. Aber damals lebten viele Koreaner in Japan, besonders auch in der Industrie- und Hafenstadt Hiroshima. Korea war seit 1905 japanische Provinz. Die Bewohner der Halbinsel wurden während des Krieges als Zwangsarbeiter nach Japan geholt, wo sie in den Rüstungsbetrieben Schwerarbeit leisteten und die anfallenden Dreckarbeiten, etwa beim Straßen- und Kanalbau, verrichteten. Sie fristeten ein Sklavendasein, ohne ausreichenden Lohn, ohne menschenwürdige Wohnungen, ohne rechtlichen Schutz vor der Willkür ihrer japanischen Herren.

In Hiroshima teilten sich die Koreaner die Wohnbezirke mit einer anderen Unterschicht, nämlich den Burakumin, die schon seit Jahrhunderten von der übrigen Gesellschaft ausgesondert und ebenfalls diskriminiert wurden. Zusammen mit den Burakumin lebten sie in Bezirken wie Hirose-machi, Nakahiro, Fukushimacho und Kanno-cho, die zwischen 1,5 und 2,5 Kilometer vom Zentrum der Atomexplosion entfernt lagen, und zwar nicht in Einzelhäusern, sondern in zusammenhängenden Barackensiedlungen. Das erklärt, weshalb besonders viele Koreaner Atombombenopfer wurden. Allein im Stadtbezirk von Hiroshima wohnten gegen Ende des Krieges schätzungsweise 53 000 Koreaner; eine exakte Registrierung der Arbeitssklaven hielten die japanischen Behörden damals nicht für erforderlich. Etwa 48 000 Koreaner wurden Strahlenopfer, davon starben 30 000.

Auch als überlebende Atombombenopfer blieben die Koreaner Menschen zweiter Klasse. Rund 30 Jahre lang hat sich kaum jemand um sie gekümmert, waren sie auf sich allein gestellt. Im Jahre 1975 gründeten sie schließlich eine Selbsthilfe-Organisation, um endlich zu ihrem Recht zu kommen. Einer ihrer Sprecher ist der 52jährige Silgun Ri, ein unerschrockener Mann, der zusammen mit seiner Frau ein Restaurant in Hiroshima betreibt und sich ansonsten mit den Behörden herumschlägt, um für seine Landsleute etwas an materieller Unterstützung herauszuholen.

Die Schilderung von Silgun Ri über sein Bemühen ist eine einzige Anklage gegen die Willkürpraxis japanischer Ämter und der japanischen Regierung. Um das *Genbaku Hibakusha kenko Techo*, die offizielle Bestätigung für die Anerkennung als Atombombenopfer, zu bekommen, braucht der Betreffende zwei Bürgen. Bei Koreanern genügt es jedoch nicht, Koreaner als Zeugen dafür anzugeben, daß sie sich zum Zeitpunkt der Explosion in einem bestimmten Umkreis um das Epizentrum aufgehalten haben; vielmehr müssen sie Japaner benennen, weil Koreaner angeblich unglaubwürdig sind!

Silgun Ri schildert das Beispiel einer heute 67jährigen Koreanerin, die bei der Detonation der Bombe von einem Haus erdrückt worden ist, seitdem nicht mehr richtig laufen kann und als Opfer anerkannt werden wollte. Weil sie weder lesen noch schreiben kann, füllten ihre Kinder das Antragsformular aus. Die Behörden mochten dies jedoch nicht gelten lassen. Sechsmal schleppte sich die alte Frau zum Rathaus, bis sie dann beim siebten Mal mit Hilfe von Silgun Ri das Papier erhielt.

Insgesamt 145 Koreanern konnte Ri zu dem Ausweis verhelfen, andere Koreaner unterstützen ihre Landsleute auf ähnliche Weise. Die fragwürdige Anerkennungspraxis eröffnet auf der anderen Seite der Korruption Tür und Tor. Vor einigen Jahren mußte ein Abgeordneter der Stadtversammlung von Hiroshima sein Mandat niederlegen, nachdem bekanntgeworden war, daß er Einwohnern gegen ein Bestechungsgeld den Ausweis verschafft hatte. Beträge von umgerechnet 500 bis 1000 DM seien pro Ausweis gezahlt worden, sagt Ri und fügt hinzu, von Japanern, nicht von Koreanern, die solche Summen gar nicht hätten aufbringen können: »Die japanischen Beamten sind merkwürdig. Wenn ein Abgeordneter als Zeuge benannt wird und zur Behörde kommt, dann sind die Beamten unterwürfig. Kommt ein einfacher Mann zum Amt und bittet um etwas, dann spielen sich die Staatsdiener in jeder Beziehung auf.«

Selbst bei der ärztlichen Untersuchung, die der Anerkennung vorausgehen muß, gibt es Schwierigkeiten. Nach Angaben von Silgun Ri sind einige Mediziner bei Koreanern besonders gründlich und blocken ohne erkennbaren Grund das Verfahren schon im Vorfeld ab. Solch diskriminierendes Verhalten hat Tradition. So gab es am 6. August 1945 und danach Fälle, wo Koreaner, die sich von Militärärzten behandeln lassen wollten, abgewiesen wurden. Ähnlich erging es manchen, wenn sie versuchten, in einem Luftschutzunterstand Unterschlupf zu finden.

Trotz der bedrückenden Erfahrungen ist bei Silgun Ri kein Haß auf Japaner zu spüren, im Gegenteil, für manche Verhaltensweisen hat er sogar Verständnis, auch wenn sie ungerecht sind. Ri selbst gehört ebenfalls zu einer der drei Kategorien, nach denen Atombombenopfer in Japan amtlicherseits registriert werden. Zur ersten Kategorie zählen die am Tag der Explosion, also am 6. August 1945, unmittelbar bestrahlten Opfer; zur zweiten diejenigen Personen, die sich zwischen dem 6. und 20. August 1945 im Umkreis von zwei Kilometern um das Epizentrum aufgehalten haben; und schließlich zur dritten diejenigen, die nach der Explosion von außen nach Hiroshima gekommen sind und sich an der medizinischen Versorgung, der Bergung der Opfer, am Verbrennen der Toten beteiligt haben und dabei radioaktiv bestrahlt wurden.

Da er am 7. August Hiroshima passierte, gehört Silgun Ri zur zweiten Kategorie. Mit seinem Vater, den die Japaner von seinem Hof in Korea vertrieben und anschließend verschleppt hatten, und anderen Koreanern wollte er nach Yamaguchi, südwestlich von Hiroshima, zurückkehren. Um für die Familien etwas hinzuzuverdienen, hatte die Gruppe auf dem Land Reis gekauft und in der weiter nördlich gelegenen Stadt Kobe verkauft. Da kein Zug mehr verkehrte, mußten sie den langen Weg zu Fuß zurücklegen und gerieten dabei in das radioaktiv verseuchte Hiroshima.

Drei Tage nach dem Zwischenaufenthalt in der zerstörten

Stadt zeigten sich bei Silgun Ri und einigen anderen die typischen Symptome der Strahlenkrankheit: Haarausfall, Hautausschlag, Durchfall. Da die herkömmlichen Gegenmittel allesamt versagten, griffen die Koreaner zu alten überlieferten Hausrezepten: Mohnblüten wurden zu Pulver gerieben und mit Wasser verdünnt eingenommen; oder Nikotin-Konzentrate mit Mehl vermischt. Da bei Silgun Ri der pickelartige Hautausschlag nicht aufhörte zu bluten, mußte er operiert werden. Eine lange Narbe in der Bauchgegend blieb davon zurück.

Heute geht es Silgun Ri gesundheitlich gut; er und seine Frau haben vier Kinder. In dem langen Gespräch mit ihm fällt auch jener Satz, den man in Hiroshima oft hören kann und der immer einen bangen, fast beschwörenden Unterton hat. Ungefragt sagt Silgun Ri über seine Kinder: »Sie sind alle gesund.«

# Ich bedaure absolut nichts

Gespräch mit Paul W. Tibbets, dem Atombomberpiloten
von Hiroshima

Der Atombomberpilot von Hiroshima, Paul W. Tibbets, hat sich
nach dem Krieg einige Male zu seinem Einsatz am 6. August
1945 geäußert. Zeichen von Reue, Scham oder Mitgefühl mit
den vielen Opfern ließ Tibbets nicht erkennen. Dafür ließ er sich
mit Überlebenden fotografieren, als Beleg einer makabren »Ver-
söhnung«. Das folgende Interview ist der Zeitschrift *metall*, Nr.
17, vom 26. August 1981 entnommen.

*Frage:* Wie denken Sie heute über die Bombardierung von
Hiroshima und über Ihren Auftrag – bedauern Sie es?

*Tibbets:* Ich bedaure absolut nichts. Zum Zeitpunkt des
Bombenabwurfs war ich von seiner Notwendigkeit überzeugt,
und daran hat sich bis heute nichts geändert.

*Frage:* Warum wurden nicht militärische Ziele gewählt,
warum wurde die Bombe auf eine Großstadtbevölkerung geworfen?

*Tibbets:* Wenn Sie sich die Mühe machen würden, einmal
zurückzublättern in die Kriegsgeschichte, dann würden Sie
sehen, daß Hiroshima und Nagasaki in Wirklichkeit militärische
Ziele waren. Genau dort hatten die Japaner ihre Truppen und
ihren Nachschub konzentriert, um sich gegen eine Invasion zu
schützen.

*Frage:* Vielleicht gab es auch militärische Ziele – Tatsache ist
aber, daß fast eine Viertelmillion Menschen sterben mußte.

*Tibbets:* Ich glaube nicht, daß so viele getötet wurden.
Vielleicht darf ich Ihnen mal erzählen, was der *US-Strategic-
Bombing-Survey* dazu sagt. Nämlich, daß in Tokyo und Yokohama durch Brandbomben viel mehr Menschen ums Leben
gekommen sind. Aber mit dem Unterschied, daß in diesen

beiden Städten die Menschen im Verlauf mehrerer Monate starben. In Hiroshima und Nagasaki geschah alles in einem einzigen Augenblick.

*Frage:* War der Abwurf der Atombombe für die Amerikaner nicht nur ein demonstrativer Akt – das Kriegsende war doch abzusehen, und die Japaner waren doch sowieso am Ende.

*Tibbets:* Na ja, 36 Jahre später ist es leicht, Alternativen anzubieten. Ich kann nur sagen, ich hatte keine Entscheidungsgewalt. Das heißt, es war nicht an mir, die Entscheidung zu treffen. Das geschah in Washington.

*Frage:* Hätten Sie nicht »nein« sagen können?

*Tibbets:* Das hat man mich schon oft gefragt. Aber nun frage ich Sie: Was wäre wohl geschehen, wenn jemand in der deutschen Wehrmacht zu Hitler »nein« gesagt hätte? Ich bin als Soldat aufgewachsen, bin dazu erzogen worden, Befehle von kompetenter Autorität zu befolgen. Und damals bekam ich meine Instruktionen von allerhöchster Stelle.

*Frage:* Selbst wenn in Tokyo und Yokohama so viele Menschen sterben mußten, kann man das sicherlich nicht mit Hiroshima vergleichen. Durch die Atombombe, durch radioaktive Strahlung zu Hunderttausenden zu sterben, ist etwas anderes.

*Tibbets:* Ich weiß, aber lassen Sie mich dies sagen: Nehmen Sie den Ersten Weltkrieg. Sehen Sie sich an, was Senfgas bewirkt hat. Ich kann mich noch gut erinnern, wie in meiner Jugend all die Männer starben. Und ich habe sie gesehen, wie sie Stück für Stück starben, weil das Senfgas ihre Lungen auffraß. Wo ist da der Unterschied?

*Frage:* In der Zahl der Opfer zum Beispiel . . .

*Tibbets:* Das glaube ich nicht. Zahlen sind für mich nichts als eine mathematische Figur. Im Krieg zählt nur, den Krieg zu gewinnen.

*Frage:* Das heißt, eine Waffe ist so grausam wie die andere?

*Tibbets:* Grausam ist das falsche Wort. Der Krieg ist immer grausam. Egal, ob er mit Pfeil und Bogen oder mit dem Knüppel ausgefochten wird. Darüber moralisieren die Leute dann gern. 36 Jahre später ist es natürlich leicht, solche Fragen zu stellen, wie Sie es tun. Aber zu dem Zeitpunkt, wo die

Entscheidung fallen mußte, hat man nicht den Vorteil der Rückschau.

*Frage:* Aber jetzt sind Sie dazu in der Lage. Denken Sie nicht doch anders als vor 36 Jahren?

*Tibbets:* Nein. Ich kann alles nur auf die Zeit damals beziehen.

*Frage:* Hatte Amerika das Recht, die Atombombe zu werfen?

*Tibbets:* Ja. Meine Antwort ist: Ja. Ich denke so, weil man die ganze Sache noch umdrehen kann. Zum Beispiel, wenn die Japaner zur Zeit von Pearl Harbor die Atombombe gehabt hätten – glauben Sie, die hätten gezögert, sie zu benutzen? Oder als die Deutschen in Polen einzogen – im Besitz der Atombombe – hätten die denn gezögert? Ich will keine bestimmte Nation diskreditieren. Ich will nur versuchen zu sagen, daß, aus welchem Grund auch immer, die Entscheidung für einen Angriff oder zu einem Krieg getroffen wird, daß die Männer, die dafür verantwortlich sind, alle Mittel benutzen werden, derer sie habhaft werden, alles tun werden, was in ihrer Macht steht. Gucken Sie sich doch an, was die Stukabomber damals anrichteten. Niemand konnte sich zu der Zeit gegen die Stukas verteidigen.

*Frage:* Seit Jahren wird am 6. August auf der ganzen Welt der Hiroshimaopfer gedacht. Haben Sie nie ein schlechtes Gewissen an diesem Tag?

*Tibbets:* Nein. Damit halte ich mich nicht auf. Darüber denke ich nicht nach. All das ist Vergangenheit. Hiroshima ist Geschichte. Es war eine Lektion, gewisse Dinge konnte man daraus lernen. Aber es gibt zu viele neue und interessante Dinge in meinem Leben. Jeden Tag muß ich eher darüber nachdenken als über so etwas wie Hiroshima. Ich lebe nicht in der Vergangenheit.

# Symptome der Strahlenkrankheit

*Megumi Sera*
Schülerin der 12. Klasse, damals 6. Klasse

Die alte Frau T., eine unserer Nachbarinnen, war herübergekommen, um sich unseren Mörser auszuleihen. Meine Mutter unterhielt sich mit ihr auf der Veranda und hielt den Mörser in der Hand. Ich lehnte im Wohnzimmer an einem Pfosten und faltete Figuren aus Papier für meinen dreijährigen Bruder. Früh am Morgen hatte ich Bohnen für ihn geröstet, und er aß sie, eine nach der anderen, aus einer Schüssel. Er sah unsere Nachbarin auf der Veranda sitzen, ging zu ihr hinüber, bot ihr die Schüssel an und sagte: »Wollen Sie ein paar Bohnen?«

In diesem Augenblick wurde die Bombe abgeworfen. Die Schiebetüren aus Papier fingen zu brennen an. Ich dachte automatisch ›Wasser!‹ und lief in die Küche. In dem Moment kamen von oben Balken, Mörtel und andere Dinge herunter und warfen mich auf den Boden. Bis ich wieder aufstehen konnte, hatte die dem Blitz folgende Druckwelle das Feuer schon gelöscht.

Einige Minuten lang herrschte unheilvolles Schweigen.

»Megumi-chan! Megumi-chan!« Als die Stimme meiner Mutter ertönte, kam ich zu mir und lief in den Luftschutzunterstand hinten im Garten. Dort waren meine Mutter, mein Bruder, die alte Frau T. von nebenan und deren Schwiegertochter.

Meine Mutter legte die Arme um mich und weinte. Ich sah, daß meine Mutter, mein Bruder und Frau T. alle so schwere Verbrennungen auf der rechten Körperseite hatten, daß die Brandwunden voller Blasen waren und man das rohe Fleisch sah. Ich war entsetzt und lief zum Haus zurück, um Medikamente zu holen. Jetzt sah ich erst, wie schwer das Haus beschädigt war.

Obwohl unser Haus etwa zweieinhalb Kilometer vom Explosionszentrum entfernt war, stand kaum noch etwas außer den Trägern. Im Dach gähnte ein riesiges Loch, alle Deckenbalken des Wohnzimmers waren verschwunden und die im Zimmer nebenan nach oben gebogen. Die Schiebetüren hatte es wegge-

blasen, und der Verputz war von den Wänden gefallen. Eine drei
bis vier Zentimeter dicke Schicht aus Glasscherben und Mörtel
bedeckte den *Tatami*-Boden. Die Nähmaschine, die im Korridor
gestanden hatte, lag umgekippt in der Mitte des Wohnzimmers.
Ein paar Steppdecken, die neben dem Haus in der Sonne
gehangen hatten, waren durch die zwei Zimmer hindurch in die
Küche geblasen worden. Meine Mutter folgte mir verängstigt.
Sie verbot mir, in das Haus hineinzugehen. »Hier ist eine Bombe
gefallen. Es ist gefährlich hineinzugehen.«

Zu der Zeit glaubten wir beide noch, daß unser Haus direkt
von einer Bombe getroffen worden sei. Aber ich wollte mich so
schnell wie möglich um die Brandwunden meines Bruders
kümmern. Ich betrat vorsichtig das Haus und suchte mir von der
Türschwelle aus einen Weg. Eine Bombe konnte ich nirgends
entdecken. Glücklicherweise war der Arzneikasten heil geblieben, und ich fand eine Brandsalbe darin. Wir behandelten alle
Wunden mit der Salbe.

Kurz danach hörten wir laute Stimmen von der Straße vor
dem Haus und gingen hin, um zu sehen, was dort los war. Viele

Menschen hatten sich um den Luftschutzbunker in der Nähe versammelt. Das Haus der Familie M. stand in Flammen und war schon zu etwa achtzig Prozent abgebrannt. Frau M. lief verzweifelt um das Haus herum und schrie: »Mutter muß noch drinnen sein!«

Nachdem wir uns etwas beruhigt hatten, begannen die Sorgen um die Familienangehörigen, die zur Arbeit gegangen waren. Zwei meiner älteren Schwestern arbeiteten in einer Firma weit draußen in den Vororten; ihnen war sicher nichts geschehen. Aber mein Vater war im Kleiderdepot beschäftigt, und meine dritte ältere Schwester arbeitete in der Kreditanstalt in Sakan-cho, 500 Meter nordwestlich der Abwurfstelle. Da sie von dort in weniger als einer Stunde nach Hause gelangen konnte, wußten wir, daß etwas geschehen sein mußte. Entweder war sie verletzt, oder man hatte ihr nicht gestattet, die Firma zu verlassen, oder ... schlimmer ... Das Schicksal entschied sich für die dritte Möglichkeit. Das Leben meiner 19jährigen Schwester endete, als das Gebäude der Kreditanstalt zerstört wurde.

Gegen halb sieben erfuhren wir, daß meiner ältesten Schwester nichts passiert war, und meine zweite Schwester kam gegen sieben nach Hause. Ich fragte die Leute, die auf der Flucht bei uns vorbeikamen, nach der Kreditanstalt und dem Kleiderdepot, aber niemand hatte Zeit für die Sorgen anderer. Ich konnte nur beten, daß mein Vater und meine Schwester in Sicherheit seien.

Mein Vater kam gegen zehn Uhr abends nach Hause. Ich war so glücklich, daß ich ihn fest umarmte und weinte. Ich konnte nur sagen: »Vater, Yukiyo ist nicht...«

Er mußte es schon gewußt haben. Tränen liefen ihm über die Wangen.

In jener Nacht breiteten wir und unsere Nachbarn in der Nähe des Luftschutzunterstandes Strohmatten auf dem Boden aus und legten uns dort hin. Es war ein sternenklarer, wunderschöner Himmel, aber wir konnten nicht schlafen, weil immer wieder die Fliegeralarmsirenen heulten.

Der Morgen des 7. August brach an. Mein Kopf war schwer, weil ich kaum geschlafen hatte. Schulter und Oberschenkel taten mir weh. Etwas mußte mich getroffen haben, als das Haus einstürzte. Aber ich sagte nichts und machte mich mit meinem

Vater auf die Suche nach Yukiyo. Nur einen Block von unserem Haus entfernt war alles niedergebrannt. Wir sahen die verbogenen Stahlträger der Industriemessehalle und des Fukuya-Warenhauses. An einigen Stellen brannten die elektrischen Leitungsmasten noch, und Bäume schwelten. Wir gingen weiter durch die Hitze, wichen elektrischen Leitungen und verbrannten Bäumen aus und gelangten schließlich nach Yokogawa, zwei Kilometer nördlich der Abwurfstelle.

Wir dachten, daß Yukiyo vielleicht zur Hauptniederlassung zurückgekehrt sei. Wir betraten das Gebäude, aber ich schreckte sofort zurück und hielt mir die Augen zu. War dies die »Hölle auf Erden«? Verbrannte Leichen mit leblosen Augen lagen überall auf dem Boden und hinter den Schaltern. Mein Vater ging zwischen ihnen umher und rief: »Yukiyo, wo bist du? Ist Yukiyo Sera hier?« Aber wir fanden sie nicht.

Von Yokogawa gingen wir weiter nach Tokaichi, zwei Kilometer nordwestlich des Explosionszentrums. Auf dem Boden lagen viele schwarzverbrannte Leichen. Wir sahen die Leichen eines Soldaten und seines Pferdes und die einer Mutter mit ihrem Baby. Aber wir fanden kein Zeichen von Yukiyo.

Wir blieben stehen und beteten vor dem Gebäude der Kreditanstalt, wo, so dachten wir, Yukiyo vielleicht gestorben war. Die Gebete, die wir früher für den »Sieg« gesprochen hatten, hatten uns die Hölle gebracht.

Wir erfuhren, daß der Saft von Gurken gut für Brandwunden sei, aber zu der Zeit waren Gurken schwer zu bekommen. Die Ärzte in der Nachbarschaft, deren Häuser und Kliniken zerstört waren, hatten in der Grundschule von Ohshiba, drei Kilometer nördlich des Explosionszentrums, ein behelfsmäßiges Behandlungszentrum eingerichtet. Aber es wußte natürlich keiner von ihnen, welches die beste Behandlung bei einer Atombombenkrankheit war, da man diese Krankheit noch nicht kannte.

Jedesmal, wenn wir ein Flugzeug hörten, lief mein dreijähriger Bruder auf die Straße hinaus, seine Arme und Beine voller Verbände, und schrie: »Bring meine Schwester zurück! Bring meine Schwester zurück!«

Viele Tage lang gab es keinen elektrischen Strom. Morgens gab es eine Zeitung, deren Druck kaum zu entziffern war. Jeden

Tag wurden Leichen verbrannt, in dem Bambusgehölz in der Nähe unseres Hauses, an der Böschung des Flusses oder in den Ecken von Feldern. Es roch furchtbar, und manchmal wehte der weiße Rauch bis zu unserem Haus. Es dauerte lange, bis die Brandwunden meines süßen kleinen Bruders besser wurden. Aber er war wie jeder andere kleine Junge, wollte mit den anderen Kindern auf den sandigen Flußufern spielen. Er besorgte sich einen langen Stock und bohrte Löcher in die Papiertüten, die wir gerade geflickt hatten. Bei anderen Gelegenheiten brachte er uns zum Lachen, indem er ein Stück Papier nahm und uns nachahmte und Gesten machte und Lieder sang, die wir nicht verstanden.

Die Versorgung mit Lebensmitteln wurde schlechter. Oft hatten wir von morgens bis abends nichts anderes als Kürbis. Einmal sagte mein Bruder: »Mama, ich mag keinen Kürbis mehr«, und weigerte sich zu essen, und meine Mutter wandte sich langsam ab und wischte ihre Tränen weg.

Die Brandwunden meines Bruders verheilten schließlich, aber ab Anfang September litt er an Durchfall. Inzwischen wußten sogar wir, daß Durchfall eines der Symptome der Strahlenkrankheit war, aber in der Klinik behandelten sie ihn nur gegen Ruhr. Sein Zustand wurde immer schlimmer. Es war schrecklich, ihn so leiden zu sehen.

Unser halbzerstörtes Haus wurde von Taifunen geschüttelt. Zweimal gab es Überschwemmungen. Mein Bruder, der immer sehr sensibel gewesen war, war überzeugt, daß schreckliche Dinge vom Himmel kämen, und er begann sich zu fürchten, zum Himmel zu schauen.

»Die Sterne sind wunderschön, sieh sie dir nur an«, sagte ich manchmal zu ihm, aber er blickte nie nach oben. Bei Taifunen und Überschwemmungen ließ er sich zitternd von meiner Mutter in die Arme nehmen.

Es wurde Oktober, und morgens und abends war es kühler, aber meinem Bruder ging es immer schlechter. Nach dem 10. konnte er das Bett nicht mehr verlassen. Wir wanderten aufs Land, um nahrhaftere Lebensmittel für ihn zu besorgen, aber wir erhielten nur ein paar Eier. Mein kleiner Bruder, der die Flugzeuge wegen seiner liebevollen Schwester beschimpft und

*Megumi Sera: Jedesmal am 6. August kehren die schrecklichen Bilder zurück.*

der Angst hatte, auch nur einen Blick zum Himmel hinauf zu werfen, starb am 22. Oktober in den Armen meiner Mutter, ohne auch nur einen einzigen schönen Augenblick erlebt zu haben, ohne von einem Arzt behandelt werden zu können. Unsere Nachbarn verbrannten ihn am Ufer des Flusses. Es geschah ganz schlicht und einfach. Nur eine kleine weiße Rauchwolke stieg auf...

Dann kam der kalte Winter, und die Menschen in ihren Behelfsheimen aus verzinktem Eisenblech litten. Es schien uns noch kälter als sonst zu sein, weil wir nichts im Magen hatten. Aber schließlich wurde es doch wieder Frühling. Man hat gesagt, auf der verbrannten Erde würde 75 Jahre lang nichts wachsen, und als dann im Frühling das Gras zu sprießen anfing, faßte jeder neuen Mut. An den Ständen, wo Reissuppe verkauft wurde, versammelten sich schon vom Morgen an viele Gruppen von Arbeitslosen. Hammerschläge hallten von der eingeebneten Stadt wider.

# Jedesmal am 6. August

Megumi Sera ist verheiratet und hat drei Kinder, zwei Söhne und eine Tochter. Ihr Mann arbeitet auf dem Gebiet der Strahlenforschung; zum Zeitpunkt des Gesprächs mit den ehemaligen »Kindern von Hiroshima« hält er sich gerade in Nagasaki auf. Schon Anfang der sechziger Jahre sind sowohl in Hiroshima als auch in Nagasaki Messungen vorgenommen worden, um festzustellen, inwieweit beide Städte als Folge der Atombombenexplosion noch radioaktiv verseucht sind.

Das Ergebnis dient seitdem als Grundlage für die Einschätzung der Strahlengefährdung durch Kernkraftwerke. Der wissenschaftliche Wert dieser Untersuchungen wurde jedoch schon vor einigen Jahren angezweifelt.

Megumi Sera selbst hat noch ganz präzise Erinnerungen an den »Feuerball«, der ihre Heimatstadt im August 1945 heimsuchte. Wenn sie heute durch die Stadt geht, kehren die Bilder von einst manchmal in ihr Gedächtnis zurück; besonders lebendig sind diese jedoch jedesmal am 6. August, am Jahrestag des Abwurfs. Dann verspürt sie das Bedürfnis, mit jemandem zu sprechen, um nicht mit diesen Bildern allein zu sein.

# Damit es keine weiteren Hiroshimas gibt

Eindrücke von einem viertägigen Aufenthalt
in Hiroshima im Februar 1982

Der Shinkansen, Japans superschneller Expreßzug, legt die 800 Kilometer lange Strecke von Tokyo nach Hiroshima in gut fünf Stunden zurück. Hiroshima – Stadt der Atombombe, Zentrum der japanischen Friedensbewegung, Mahnmal für den Frieden – das sind die gängigen Vorstellungen. Aber wie sieht die Stadt selbst aus? Was ist von der ungeheuren Explosion vor 37 Jahren geblieben?

Neugierig-gespannt verlasse ich an diesem 4. Februar 1982 den Zug, um ein Taxi zu suchen. Was sonst auf Reisen Routine ist, geschieht diesmal bewußt, beinahe unsicher; das Gepäck zusammenhalten, die Rolltreppe besteigen, die moderne Bahnhofshalle durchqueren, sich einreihen in die Schlange derer, die ebenfalls auf ein Taxi warten. Auf dem Bahnhofsvorplatz grüßt eine bekannte japanische Firma mit einem Transparent: »Welcome to Hiroshima.«

Der Taxifahrer, der mich zum Hotel bringt, ist Atombombenopfer. Er sagt dies fast beiläufig, denn in dieser Stadt leben noch viele Opfer des ersten Atomschlags, und beginnt während der Fahrt von sich aus ein Gespräch über Atombomben. Er hält Nuklearwaffen für ein notwendiges Übel. Solange die Sowjets sie besäßen, müßten die Amerikaner sie auch haben, meint er, und Japan sei nun einmal auf die Schutzmacht USA angewiesen. Der Mann schildert seine Ansichten ohne Emotionen, und als ich etwas einwerfen will, ist die Fahrt schon zu Ende.

Am nächsten Tag sehe ich mir die Stadt näher an. Die ersten Eindrücke überraschen. Baumbestandene Alleen, Grünflächen zwischen den Häusern, Straßen mit breiten Bürgersteigen – Hiroshima mit seinen über 800000 Einwohnern hebt sich wohltuend von anderen japanischen Großstädten ab, von denen die meisten total verbaut und zersiedelt sind und am Verkehr, am Lärm und an den Abgasen zu ersticken drohen.

Nach dem Krieg wurde Hiroshima mit großer Umsicht wieder aufgebaut und entwickelte sich zu einem Zentrum der Schwer- und der petrochemischen Industrie. Beides ist vor allem ein Verdienst des berühmten Nachkriegsbürgermeisters Shinzo Hamai, der – selber ein Überlebender der Atombombe – nach 1945 den Fleiß und Überlebenswillen der Bewohner mobilisierte und alle Kräfte auf den Wiederaufbau konzentrierte. Die Stadt, die vor dem Krieg als Stützpunkt der Kaiserlichen Marine einen Namen hatte und wegen ihrer schönen Weidenbäume bekannt war, ist heute größer und pulsierender als je zuvor.

Beim Gang durch die Straßen versuche ich, mir zu vergegenwärtigen, daß kein Baum, kein Strauch, kein Gebäude älter als 37 Jahre ist, aber die Vorstellung fällt schwer. Hiroshima – ein sichtbarer Beweis dafür, daß die Atombombe letztlich doch nicht so verheerend wirkt, wie immer wieder behauptet worden ist, daß ein Leben »danach« trotz der vielen Opfer möglich ist? Die am 6. August abgeworfene Atombombe war im Vergleich zu dem heute zur Verfügung stehenden Nuklearpotential ein kleiner Sprengsatz. Die damals hauptsächlich freigesetzten Gammastrahlen besaßen nach Auskunft von Professor Yokoro, Leiter des Strahlenforschungsinstituts an der Universität Hiroshima, zwar eine hohe Zerstörungskraft, aber sie verflüchtigten sich schnell. Schon fünf oder sechs Tage nach der Detonation sei diese Strahlung vorüber gewesen.

Nach dem ersten Rundgang durch die Stadt überquere ich den Ohta-Fluß, um zum Friedenspark zu gelangen. Auf der Brücke bleibe ich eine Weile stehen. Das graubraune Wasser des Ohta verrät nichts mehr von den entsetzlichen Szenen, die sich hier am 6. August 1945 und an den Tagen danach abgespielt haben. Auf dem Fluß dümpeln ein paar Boote. Größere Schiffe sind nicht zu sehen. Schulkinder haben, wie ich später erfahre, vor kurzem die Böschung nach Steinbrocken abgesucht, die noch von der Explosion herrühren.

Ein Blick auf das Panorama läßt erkennen, weshalb die Amerikaner gerade Hiroshima für den Atomangriff ausgewählt

*Hiroshima – Panorama einer modernen Stadt. Die Fassade verrät nichts mehr von den entsetzlichen Szenen, die sich an der Böschung des Ohta und im Fluß selbst abspielten.*

haben. Die geographische Lage ist der Stadt zum Verhängnis geworden; sie liegt im Mündungsdelta des Ohta-Flusses und wird von sechs Flußarmen durchzogen. Eine Bergkette begrenzt das städtische Areal zum Meer hin: Hiroshima liegt wie auf einem Präsentierteller.

Der Friedenspark strahlt eine merkwürdige, unwirkliche Ruhe aus; sie wird nur gelegentlich von den Schulkindern durchbrochen, die an diesem Vormittag die Gedächtnisstätten aufsuchen, vor allem den Zenotaph, jene leere Grabstätte, die die Rolle mit den Namen von 200 000 Atomtoten enthält. Der Zenotaph hat die Form eines Betonbogens, durch den man auf den sogenannten Atomdom blickt, die ausgebrannte Ruine der ehemaligen Industrie- und Handelskammer von Hiroshima. Der Atomdom markiert zugleich das Epizentrum der Explosion, die Stelle also, über der die Atombombe gezündet wurde. Die ausgeglühte Fassade wurde an mehreren Stellen ausgebessert, damit sie nicht ganz einstürzte. Die Stahlkonstruktion hat Rost angesetzt. Die von der Hitze verbogenen Eisenträger ragen wie japanische Schriftzeichen in die Luft, als seien sie für ihre makabre Botschaft eigens geformt worden.

Ich durchquere den Park einmal in der Länge. Die zur Erinnerung an das schreckliche Geschehen aufgestellten Plastiken und Statuen sind über und über mit bunten Girlanden aus gefalteten Papierkranichen behangen. Der Kranich wird in Japan als heiliger Vogel verehrt. Er erinnert mich an die Geschichte des Mädchens Sadako, das die Atombombe zunächst heil überstanden zu haben schien, zehn Jahre später jedoch plötzlich erkrankte. Im Hospital stellten die Ärzte eine Leukämie fest. Sadako verlor dennoch nicht ihren Mut. Sie sagte, sie wolle 1000 kleine Kraniche aus Papier falten, denn das bringe Glück. So fing sie an, einen bunten Kranich nach dem anderen zu formen. Als sie den 643. Kranich gefaltet hatte, starb Sadako.* Auf dem Rückweg durch den Park begegne ich nur noch wenigen Besuchern. Ein Mann hat sich auf einer Bank schlafen gelegt. Eine junge Mutter versucht, auf einem der asphaltierten Wege ihrem Kind das Fahrradfahren beizubringen. Alltag im Friedenspark von Hiroshima.

Schließlich besichtige ich das Atombomben-Museum, das gleich am Eingang zum Friedenspark errichtet wurde. Die friedliche Atmosphäre ändert sich mit einem Schlag. Auf den Gesichtern der Schulkinder, die wenige Minuten zuvor noch ungezwungen und fröhlich waren, zeigen sich Betroffenheit und Bestürzung. Das entsetzliche, unbeschreibbare Grauen vom 6. August 1945 – in diesem Museum ist etwas davon festgehalten, wird in Ausschnitten jedenfalls begreifbar. Auch ich kann mich der Wirkung des Gezeigten nicht entziehen; diese grauenhaften Fotos mit den entstellten Gesichtern, diese zu Klumpen verbrannten Leiber, diese Gegenstände des Alltags, die zu bizarren, archaischen Formen verglühten, diese Reliquien des Infernos, das die Menschen von Hiroshima heimsuchte. Zugleich steigt eine ohnmächtige Wut in mir auf, und ich wünsche allen Atombomben-Befürwortern den Anblick dieser Bilder und Gegenstände.

---

\* Diese Geschichte wurde in einer freien Erzählung von Karl Bruckner in dem Buch *Sadako will leben* (Wien: Jugend & Volk 1975) dargestellt.

Am nächsten Tag bin ich mit ehemaligen »Kindern der Atombombe« verabredet, die für Professor Osada ihre Erfahrungen und Erlebnisse aufgeschrieben haben. Wir treffen uns in der Gedächtnishalle am Friedenspark. Es werden die schwierigsten Gespräche, die ich bislang überhaupt geführt habe. Wie weit darf ein Außenstehender die Leiden anderer Menschen erfragen, vernarbte Wunden aufrühren, mit den handwerklichen Mitteln eines Journalisten traumatische Seelenzustände und Ängste erforschen? An einigen Stellen hätte ich die Begegnung am liebsten abgebrochen, weil ich spürte, wie meine Fragen den heute erwachsenen »Kindern von Hiroshima« zu schaffen machten. Sie waren zwar bereit und willens zu antworten, aber wenn die Erinnerungen wieder lebendig wurden, kehrten auch die Ängste zurück. Nirgendwo sonst wurde mir so deutlich wie hier bewußt, daß die furchtbaren Ereignisse von vor 37 Jahren für die Betroffenen noch so gegenwärtig sind, als seien sie gestern geschehen.

Das äußere Bild Hiroshimas täuscht also. Die von Kommerz und Betriebsamkeit strotzende Fassade kann die anhaltenden Leiden der Opfer nicht verdecken. Dies bekomme ich auch an den folgenden Tagen bestätigt, als ich das Atombomben-Krankenhaus besuche und mit Ärzten und Patienten spreche. Immer sind es nur Splitter, kleine Ausschnitte, die ich in der kurzen Zeit zu Gesicht bekomme, aber sie lassen die Wirklichkeit erahnen, eine Wirklichkeit, die in Japan und anderswo kaum noch jemand zur Kenntnis nimmt.

Manche Atombombenopfer bleiben ihr Leben lang Patienten, selbst wenn sie nach außen hin ein relativ normals Leben führen. Bei dem einen stößt der Körper nach Jahren plötzlich die verpflanzte Haut wieder ab, bei dem anderen beginnen die mühsam zusammengewachsenen Sehnen wieder zu schmerzen. Andere wiederum bemühen sich verzweifelt darum, ein menschliches Gesicht zu bekommen, damit die Leute sie nicht immerzu anstarren. Sie pilgern von Chirurg zu Chirurg, und manchmal vollbringen die Ärzte wahre Wunder. Aber bei vielen führen die Operationen nicht zum gewünschten Erfolg. Das gilt zum Beispiel für Senji Yamaguchi, der in Nagasaki als dienstverpflichteter Oberschüler in das atomare Feuer geriet und dessen

Gesicht und Rücken verbrannt wurden. Yamaguchi hat sich der japanischen Friedensbewegung angeschlossen. Er spricht auf Versammlungen und Kundgebungen und hat keine Scheu mehr, sein zerstörtes Gesicht anderen Menschen zu zeigen. Aber das war nicht immer so. Über seine eigenen Erfahrungen sagt er:

»Heute, im Alter von 52 Jahren, habe ich mich damit abgefunden, mit einem häßlichen Gesicht zu leben. Aber als ich das erste Mal aus dem Krankenhaus kam, nannten die Kinder mich *akaoni*, rotes Ungeheuer. Und nachdem ich die Oberschule abgeschlossen hatte, die mich wegen der ständigen Krankenhausaufenthalte sechs statt drei Jahre gekostet hatte, bewarb ich mich bei drei Firmen. Aber alle drei lehnten mich wegen meiner schlechten Gesundheit ab. Eine davon war jene Firma, für die ich als Oberschüler gearbeitet hatte, als die Atombombe fiel. Als ich nicht einmal diese Arbeit bekam, gab ich die Hoffnung auf. Einige Monate später habe ich mir die Pulsadern aufgeschnitten und versucht, Selbstmord zu begehen. Als einziger Job blieb mir schließlich, Bonbons im Laden meines Vaters herzustellen. Seitdem habe ich meinen Beruf siebenmal gewechselt, weil ich wegen Krankheit fehlte und die Firmen mich entließen. Zum Glück habe ich eine Frau gefunden, die bereit war, mich zu heiraten. Aber viele Atombombenopfer müssen auch auf dieses Glück verzichten, weil sie vielleicht geschädigte Kinder zur Welt bringen.«

Die Furcht vor solchen Mißbildungen ist unter den Atombombenopfern groß, auch wenn sie nur selten darüber sprechen. Die Angst um das Schicksal ihrer Nachgeborenen müssen sie zumeist allein bewältigen, auch die Ärzte können ihnen da nicht helfen. Und unbegründet sind ihre Befürchtungen keineswegs, denn die Serie der Hiobsbotschaften während der Nachkriegsjahre reicht weit. So blieb zum Beispiel der Zusammenhang zwischen radioaktiver Strahlung und den in Hiroshima verstärkt auftretenden Fällen von Mikrozephalitis mehr als zwei Jahrzehnte lang unentdeckt. Mikrozephalie bedeutet kleiner Kopf, wobei nicht nur der Schädel anormal verkleinert ist, sondern auch das Gehirn nicht über das Stadium eines Kleinkindes hinauswächst.

Insgesamt 18 solcher Kinder, die alle entweder Ende 1945 oder Anfang 1946 geboren wurden, sind inzwischen bekannt. Die

Eltern haben sich zu einer Interessengemeinschaft zusammengeschlossen und eine staatliche Entschädigung durchgesetzt. Aber das Schicksal dieser Opfer bleibt ungewiß, weil sie ihr Leben lang auf fremde Hilfe angewiesen sind.

Hiroshima, das bedeutet auch heute noch für die meisten der Betroffenen und deren Nachkommen Ungewißheit, Angst und Fragen an die Zukunft, die oft niemand beantworten kann. Die Antwort auf eine Frage, die ich mir bei meinem Besuch in Hiroshima oft gestellt habe, finde ich nach meiner Rückkehr in einer deutschen Tageszeitung, genauer in der *Frankfurter Rundschau* vom 22. April 1982; die Frage nämlich, weshalb die Erfahrungen mit der Atombombe von Hiroshima und Nagasaki praktisch auf den kleinen Kreis der Betroffenen begrenzt blieben, weshalb die Lehren dieses Atomangriffs immer wieder aus dem Bewußtsein verdrängt werden. In der FR ist eine Rede des Gießener Professors Horst Eberhard Richter abgedruckt. Richter hat sich in einem Vortrag über die *Psychologische Wirkung der Atomkriegsdrohung* mit dem Thema der Verdrängung und Verleugnung auseinandergesetzt. Er zitierte zunächst den Philosophen Karl Jaspers mit dem Satz: »Wie der Kranke sein Karzinom vergißt, der Gesunde, daß er sterben wird, der Bankrotteur, daß kein Ausweg mehr ist, verhalten wir uns so auch gegenüber der Atombombe...« Als Möglichkeiten, diese Bewußtseinsbarrieren zu überwinden, empfiehlt Richter dann: »...gegen die Tendenz zur Verleugnung ist eine abstrakte Ermahnung nicht wirksam genug. Ein nützlicheres Mittel besteht darin, die Erscheinungsformen und Wirkungen eines Atomkrieges immer wieder anschaulich vorzuführen. Filme über Hiroshima sind geeignet, die Sperre der Verleugnung zu durchbrechen. Auch Vorträge, in denen den Zuhörern die Wirkungen von Bomben klargemacht werden, die über ihrem eigenen Wohnort gezündet würden, zwingen die Menschen dazu, sich über ihre Situation klarzuwerden.«

Die Berichte der Kinder aus Hiroshima, ihre Erfahrungen und Leiden können ebenfalls der Verdrängung entgegenwirken. Denn vielleicht ist es noch nicht zu spät dafür, die notwendigen Lehren aus dem Hiroshima von 1945 zu ziehen, damit es keine weiteren Hiroshimas gibt.

## Literaturhinweise

Anders, Günther: *Die atomare Bedrohung.* München 1981
Ders.: *Hiroshima ist überall.* München 1982
*Der Zweite Weltkrieg.* Band 3. Stuttgart, Zürich, Wien 1979
*Hiroshima-Nagasaki. A Pictorial Record of the Atomic
    Destruction.* Tokio 1978
*Hiroshima and Nagasaki – The Physical, Medical and
    Social Effects of the Atomic Bombings.* Tokio 1981
Hoffmann, Hubertus: *Atomkrieg – Atomfrieden.* München 1980
Ibuse, Masuyi: *Black rain.* Tokio, New York and San Francisco 1969
Ienaga, Saburo: *The Pacific War.* New York 1978
Jungk, Robert (Hg.): *Off limits für das Gewissen.* Der
    Briefwechsel zwischen dem Hiroshima-Piloten Claude
    Eatherly und Günther Anders. Reinbek b. Hamburg 1961
Messerschmidt, Otfried: *Auswirkungen atomarer Detonationen auf den
    Menschen.* Ärztlicher Bericht über Hiroshima,
    Nagasaki und den Bikini-Fall-out. München 1960
Kenzaburu, Oe: *Hiroshima Notes.* Tokio 1981
Schell, Jonathan: *Das Schicksal der Erde.* Gefahr und
    Folgen eines Atomkriegs. München 1982

## Fotonachweis

Aus: Cartier, Raymond, Der Zweite Weltkrieg, Band 2, 1942–1945. Frankfurt: Büchergilde
Gutenberg, Seite 12; aus: Hiroshima – Nagasaki. A Pictorial Record of the Atomic
Destruction. Hiroshima: Eldon-Komitato 1978, Seite 25, 30, 34, 38, 47, 53, 57, 80, 85, 89,
99, 103, 114; aus: Tsuchida, Hiromi, 1945–1979. Tokio: Asahi Sondorama, Seite 27, 59, 69,
104, 118; Vinke, Hermann, Tokyo, Seite 122; aus: Der Zweite Weltkrieg, Band 3, Stuttgart,
Zürich, Wien: Verlag DAS BESTE 1979, Seite 18.

# RTB  Zeitgeschichte

**RTB 600**

**RTB 715**

**RTB 1501**

**RTB 1505**

**RTB 1553**

**RTB 1593**

# Ravensburger TaschenBücher